本文库获得厦门大学哲学社会科学繁荣计划项目

"中国发展道路的理论与实践研究"（2013–2017年）的资助

厦门大学马克思主义与中国发展研究文库

文化发展成果共享研究

苗瑞丹 著

中国社会科学出版社

图书在版编目（CIP）数据

文化发展成果共享研究／苗瑞丹著 . —北京：中国社会科学出版社，
2016.6

（厦门大学马克思主义与中国发展研究文库）
ISBN 978 – 7 – 5161 – 8347 – 2

Ⅰ . ①文…　Ⅱ . ①苗…　Ⅲ . ①文化发展—成果—中国　Ⅳ . ①G12

中国版本图书馆 CIP 数据核字（2016）第 133302 号

出 版 人　赵剑英
责任编辑　田　文
特约编辑　李　军
责任校对　张爱华
责任印制　王　超

出　　版　中国社会科学出版社
社　　址　北京鼓楼西大街甲 158 号
邮　　编　100720
网　　址　http://www.csspw.cn
发 行 部　010 – 84083685
门 市 部　010 – 84029450
经　　销　新华书店及其他书店

印　　刷　北京君升印刷有限公司
装　　订　廊坊市广阳区广增装订厂
版　　次　2016 年 6 月第 1 版
印　　次　2016 年 6 月第 1 次印刷

开　　本　710×1000　1/16
印　　张　12.75
字　　数　203 千字
定　　价　48.00 元

马克思主义是引领中国发展的理论指南
（总序）

近代以来，面对中国"二千年未有之大变局"，种种迥异的思潮和主义粉墨登场，又纷纷黯然退去了，唯有马克思主义在复杂多变的国内外形势下成长壮大并取得最终胜利。这不是偶然因素造成的结果，而是具有历史必然性的社会发展规律之体现。在马克思主义的指引下，我国确立的社会主义基本制度为当代中国一切发展进步奠定了根本政治前提和制度基础，随之而来的社会主义建设道路探索为新的历史时期开创中国特色社会主义提供了宝贵经验、理论准备、物质基础，改革开放以来，我国成功开创并坚定不移地沿着中国特色社会主义道路前进，取得了史诗般的成就。在可以预见的今后很长时期内，马克思主义将是继续引领中国发展的理论指南。回望过去，展望未来，我们可以毫不夸张地说，不了解马克思主义，就不了解中国 20 世纪以来的历史、现状和未来。

马克思主义的引领不是马克思主义的简单套用，而是要求我们必须把马克思主义与发展变化的时代特征和中国实际相结合，与时俱进，不断推进马克思主义的理论创新，从而使得马克思主义始终保持旺盛的生命活力。苏联解体的深刻教训之一就是把马克思主义教条化了。马克思主义经典作家反复强调，任何固守本本的思想都是要不得的，马克思主义基本原理的实际应用随时随地都要以当时的历史条件为转移。当然，修正主义以发展马克思主义的名义放弃马克思主义的基本立场和基本观点的做法是我们绝对不能同意的。

目前，中国特色社会主义现代化和中华民族的伟大复兴已经不是遥远的梦想，而是现实可期的事业。然而，我们必须充分估计到面临的困难和问题。如何加快完善社会主义市场经济体制和加快转变经济发展方式，如何坚持走中国特色社会主义政治发展道路和推进政治体制改革，如何扎实推进社会主义文化强国建设，如何在改善民生和创新管理中加强社会建设，如何大力推进生态文明建设等等，这些都需要我们从马克思主义的基本立场和基本观点出发给予理论的解答。

厦门大学《马克思主义与中国发展研究文库》基于马克思主义与中国的紧密联系，试图贡献自己绵薄的力量，深化马克思主义理论研究。《文库》的基本思路之要点在于：一是坚定的马克思主义立场。我们坚决反对种种否定马克思主义和要求埋葬马克思主义的错误观点，力求阐扬马克思主义的当代意义，为马克思主义的合法性辩护。二是强烈的创新意识。我们偏重于深入研究马克思主义经典文本并突破成见的创新之作，偏重于结合时代新特征新情况创造性地发展马克思主义的前沿研究。三是凸显中国问题。我们聚焦于中国新形势下的各种深层矛盾和话题，青睐于从马克思主义角度对中国问题的深入分析和研究。四是倡导"让马克思主义说中国话"。我们竭力避免食古不化和食洋不化的作品，始终不渝地追求具有中国特色、中国风格、中国气派的学术话语体系之佳作。

编者

2013 年 5 月

目　　录

第一章　绪论

第一节　问题的提出

文化是人类社会赖以生存和发展的基础，是人类文明进步的重要标志。马克思早在《1844 年经济学哲学手稿》中，就从社会有机体各个要素是相互关联的内在系统思想出发，指出人类社会存在着"三大生产"，即人类物质生活资料的生产、个体生命的生产和再生产、人的精神或意识的生产，这三个方面是一个不可分割的整体，"从历史的最初时期起，从第一批人出现时，这三个方面就同时存在着，而且现在也还在历史上起着作用"①。它们是"一切人类生存的第一个前提，也就是一切历史的第一个前提"②。作为人类社会"三大生产"之一，文化的发展和繁荣是人类历史发展和文明进步的重要推动力量和标志，因为"一部人类社会发展史，是人类生命繁衍、财富创造的物质文明发展史，更是人类文化积累、文明传承的精神文明发展史。人类社会每一次跃进，人类文明每一次升华，无不镌刻着文化进步的烙印"③。对于一个国家和民族而言，文化是国家发展的支撑，是综合国力竞争的重要因素；文化是民族的血脉，是民族兴盛的重要标志；文化是人民的精神家园，是民族凝聚力和创造力的重要源泉。

全面建成惠及十几亿人口的更高水平的小康社会，既要让人民过上殷实富足的物质生活，又要让人民享有健康丰富的文化生活。改革开放

---

① 《马克思恩格斯选集》第 1 卷，人民出版社 1995 年版，第 80 页。

② 同上书，第 78 页。

③ 《十六大以来重要文献选编》（下），中央文献出版社 2008 年版，第 751 页。

30多年特别是党的十六大以来，我国的文化建设取得了举世瞩目的成就。思想理论建设和文化体制改革不断向前推进，文化生产力不断发展，文化事业全面繁荣，基本文化设施和服务日趋完善，大幅度提高了人民基本文化权益的保障水平，文化产业蓬勃发展，显著提高了全民族的思想道德素质和科学文化素质、促进了人的全面发展，人民的精神文化生活不断丰富和发展。在取得诸多成绩的同时，我们也应该清醒地看到，当代中国进入了全面建成小康社会的关键时期和深化改革开放的攻坚时期，我国的文化领域正发生广泛而深刻的变革，随着经济社会持续快速发展，特别是随着人民生活水平的不断提高，我国进入了文化消费的快速增长期，人们的精神文化需要更加旺盛，与此同时我国文化发展却同经济社会发展和人民日益增长的精神文化需求不完全适应，其中最为突出的矛盾和问题就是，社会主义文化的发展成果没有真正做到由全体人民公平分享。这主要表现在：文化发展成果的共享存在东部和西部地区之间的地域"鸿沟"，存在着城市和农村之间的城乡"二元结构"，存在着不同阶层之间的"差序结构"。这些突出矛盾和问题解决不好，就无法真正贯彻中国特色社会主义文化道路的科学发展主题，就无法真正保障全体人民的基本文化权益，就无法真正建成惠及十几亿人口的更高水平的全面小康社会。

党的十六大以来，以"以人为本"为核心的科学发展观的提出，突出强调社会主义公平正义，明确了"改革与发展成果由人民共享"的原则。在文化建设理论和思路上，党的十六大首次将文化建设分为公益性文化事业和经营性文化产业两部分。党的十六届六中全会进一步指出，要"坚持把发展公益性文化事业作为保障人民文化权益的主要途径"，"加快建立覆盖全社会的公共文化服务体系"。① 党的十七大在强调经济发展成果由人民共享的同时，首次明确提出文化发展成果由人民共享的命题，指出："要充分发挥人民在文化建设中的主体作用，调动广大文化工作者的积极性，更加自觉、更加主动地推动文化大发展大繁荣，在中国特色社会主义的伟大实践中进行文化创造，让人民共享文化

---

① 《十六大以来重要文献选编》（下），中央文献出版社2008年版，第656页。

发展成果。"① 党的十七大还进一步提出"完善扶持公益性文化事业"的政策，"加大投入力度，加强社区和乡村文化设施建设"，这进一步指明了社会主义文化发展成果由人民共享的实现途径。2011 年党的十七届六中全会通过的《中共中央关于深化文化体制改革推动社会主义文化大发展大繁荣若干重大问题的决定》中又进一步强调了文化发展成果由人民共享的命题，指出推动社会主义文化大发展大繁荣，要以满足人民精神文化需求为出发点和落脚点，要"坚持以人为本，发挥人民在文化建设中的主体作用，坚持文化发展为了人民、文化发展依靠人民、文化发展成果由人民共享"②。党的十八大在推进社会主义文化强国建设的高度之上，从文化产品的创作导向、公共文化服务建设、文化传承体系建设等多方面具体论述了如何进一步丰富人民精神文化生活，实现社会主义文化发展成果由人民共享，使这一命题进一步上升到实践操作层面。因此，如何进一步发展完善公益性文化事业，如何构建覆盖城乡的公共文化服务体系，体现公共文化服务的基本性、公益性、均等性和便利性的要求，成为社会主义制度下保障人民基本文化权益的基本途径，成为实现文化发展成果由人民共建共享的制度保障。我们党上述对文化发展成果由人民共享思想的论述和强调，对社会主义公益性文化事业的不断发展和重视，体现了实现文化发展成果由人民共享，已经成为关系到全面建成小康社会、坚持中国特色社会主义文化发展道路、建设社会主义文化强国和保障人民基本文化权益的重大课题。

　　但由于文化发展成果共享命题的提出时间较短，在理论上，学术界对于这一命题缺乏完整而系统的深入分析，如对于文化发展成果共享的内涵如何进行界定、政府在实现文化发展成果共享中应该扮演什么样的角色等问题，在理论上的研究尚处在初始阶段；在实践上，实现文化发展成果共享还处在探索阶段，如关于如何建立完善的公共文化服务体系、如何协调文化利益分配关系、如何切实发挥政府职能、如何运用综合手段建立有效的文化发展成果共享机制等现实问题还有待于进一步深

---

① 《十七大以来重要文献选编》（上），中央文献出版社 2009 年版，第 28 页。
② 《中共中央关于深化文化体制改革推动社会主义文化大发展大繁荣若干重大问题的决定》，人民出版社 2011 年版，第 10 页。

入探索。因此，如何在实践中实现文化发展成果共享，还需要相当长时间的摸索。因而把文化发展成果共享作为本书的研究对象，对于中国特色社会主义文化坚持"以人为本"的科学发展主题，对于实现社会主义公平正义的价值目标，对于尊重和保障人民的基本文化权益，对于推动社会主义文化的大发展大繁荣，对于建设社会主义文化强国有着深远的理论和现实意义。虽然这一课题在理论上和实践上的成果和成就不是很多，但是本书也是尽量在前人研究和实践发展基础上，对这一命题进行进一步的探索。同时本书在理论分析的基础上，尽可能提出一些切实可行的对策，供有关部门进行决策参考。

第二节　研究综述述评

近年来，伴随着"以人为本"的科学发展观的提出和贯彻，科学发展成为坚持中国特色社会主义文化发展道路的主题，坚持以人为本，坚持文化发展为了人民、文化发展依靠人民、文化发展成果由人民共享，不断满足人民精神文化需求则成为坚持中国特色社会主义文化发展道路的出发点和落脚点。关于文化发展成果共享问题的研究，国外学者目前为止并没有对这一课题进行深入系统的理论研究。国内理论界对这一课题的研究虽然取得了一些理论成果，但这些研究还处在起始阶段，还不能够满足实践的发展和需要。本书对这些研究成果进行了梳理总结，评析了研究现状及不足之处，以期为该领域的进一步研究提供参考。

一　对文化发展成果共享思想的渊源探析

文化发展成果是社会主义发展成果的重要组成部分。因此在探究文化发展成果共享思想的渊源之前，十分有必要首先对发展成果由人民共享思想的渊源进行梳理和分析。

（一）关于发展成果由人民共享思想的发展渊源

发展成果由人民共享思想来源于共同富裕思想。1992 年邓小平南方谈话中，提出了社会主义本质的著名论断，把共同富裕的价值目标纳入社会主义本质之中。进入新阶段新时期，发展成果由人民共享思想是对共同富裕思想的继承、丰富和发展。1997 年党的十五大报告中，江泽民首次提出"人民共享经济繁荣成果"的命题，指出要"保证国民经济持续快速健康发展，人民共享经济繁荣成果"，① 强调建设有中国特色的社会主义经济，实现共同富裕的目标，就要求人民能够共享社会主义经济发展的成果。1998 年江泽民在纪念中共十一届三中全会召开二十周年大会上的讲话中，论述二十年来我们党的历史经验，指出："建设有中国特色社会主义事业，是亿万人民群众广泛参与的创造性事业。……在整个改革开放和现代化建设的过程中，都要努力使工人、农民、知识分子和其他群众共同享受到经济社会发展的成果。"② 这进一步强调了发展成果共享的主体应该是最大多数的人民群众。2002 年，江泽民在党的十六大报告总结十三年来社会主义建设和党的建设所取得的经验中，指出："在经济发展的基础上，促进社会全面进步，不断提高人民生活水平，保证人民共享发展成果。"③ 这是我们党首次正式提出人民共享发展成果的命题，并把实现发展成果由人民共享作为一大重要思想和战略正式确定下来。

党的十六大以后，我们党又从不同角度多次论述了发展成果由人民共享问题。

从树立和落实科学发展观的角度论述。2004 年 9 月 16 日，胡锦涛在中共十六届四中全会第一次全体会议上的讲话中指出："按照党的十六届三中全会提出的要求，我们着力抓了树立和落实科学发展观的工作。强调要以实现人的全面发展为目标，从人民群众的根本利益出发谋发展、促发展，不断满足人民群众日益增长的物质文化需要，让发展的成果惠及全体人民。"④

从党的执政经验和历史任务角度论述。2004 年 9 月 19 日，在中国共产党第十六届中央委员会第四次全体会议上通过的《中共中央关于加强党的执政能力建设的决定》中总结五十五年来历史经验中指出："要牢记全心全意为人民服务的根本宗旨，牢记'两个务必'，坚决惩

① 《江泽民文选》第 2 卷，人民出版社 2006 年版，第 17 页。
② 同上书，第 262 页。
③ 《十六大以来重要文献选编》（上），中央文献出版社 2005 年版，第 6 页。
④ 《十六大以来重要文献选编》（中），中央文献出版社 2006 年版，第 235 页。

治腐败，坚持权为民所用、情为民所系、利为民所谋，实现好、维护好、发展好最广大人民的根本利益，保证人民群众共享改革发展成果。"① 2005 年 2 月 19 日，胡锦涛在省部级主要领导干部提高构建社会主义和谐社会能力专题研讨班上的讲话中关于巩固党的执政的社会基础，实现党执政党历史任务中指出："必须正确认识和妥善处理人民内部矛盾和其他社会矛盾，协调好各方面的利益关系，不断在发展的基础上满足人民群众日益增长的物质文化需要，保证人民群众共享改革发展的成果。"②

从构建社会主义和谐社会角度论述。2005 年 2 月 19 日，胡锦涛在省部级主要领导干部提高构建社会主义和谐社会能力专题研讨班上的讲话中，关于切实维护和实现社会公平和正义，做好构建社会主义和谐社会的各项工作中指出："要坚持把最广大人民的根本利益作为制定和贯彻党的方针政策的基本着眼点，正确反映和兼顾不同地区、不同部门、不同方面群众的利益，在促进发展的同时，把维护社会公平放到更加突出的位置，综合运用多种手段，依法逐步建立以权力公平、机会公平、规则公平、分配公平为主要内容的社会保障体系，使全体人民共享改革发展的成果，使全体人民朝着共同富裕的方向稳步前进。"③

从坚持以人为本的角度论述。2006 年 10 月 11 日中国共产党第十六届中央委员会第六次全体会议通过的《中共中央关于构建社会主义和谐社会若干重大问题的决定》中关于构建社会主义和谐社会遵循的原则问题中指出："必须坚持以人为本。始终把最广大人民的根本利益作为党和国家一切工作的出发点和落脚点，实现好、维护好、发展好最广大人民的根本利益，不断满足人民日益增长的物质文化需要，做到发展为了人民、发展依靠人民、发展成果由人民共享，促进人的全面发展。"④ 2007 年 10 月 15 日胡锦涛总书记在党的十七大报告中进一步指出："必须坚持以人为本。全心全意为人民服务是党的根本宗旨，党的一切奋斗和工作都是为了造福人民。要始终把实现好、维护好、发展好

①　《十六大以来重要文献选编》（中），中央文献出版社 2006 年版，第 274 页。
②　同上书，第 699 页。
③　同上书，第 712 页。
④　《十六大以来重要文献选编》（下），中央文献出版社 2008 年版，第 651 页。

最广大人民的根本利益作为党和国家一切工作的出发点和落脚点，尊重人民主体地位，发挥人民首创精神，保障人民各项权益，走共同富裕道路，促进人的全面发展，做到发展为了人民、发展依靠人民、发展成果由人民共享。"①

从中国特色社会主义建设经验和规律的角度论述。2008 年《在纪念党的十一届三中全会召开 30 周年大会上的讲话》中，胡锦涛总书记把我们党在 30 年的创造性实践中所积累的宝贵经验概括为"十个结合"，其中"一个结合"就是："必须把提高效率同促进社会公平结合起来，实现在经济发展的基础上由广大人民共享改革发展的成果，推动社会主义和谐社会建设"。② 讲话同时还指出，要继续推进我国改革开放和社会主义现代化事业，就一定要坚持抓好发展这个党执政兴国的第一要务，更好地做到发展成果由人民共享。2010 年 10 月 18 日胡锦涛在中共十七届六中全会第二次全体会议上的讲话中指出："在坚定不移推动发展的过程中，我们要不断深化对发展中国特色社会主义的规律性认识，必须更加注重以人为本，坚持从最广大人民根本利益出发谋发展、促发展，加快推进以民生为重点的社会建设，不断满足人民日益增长的物质文化需要，走共同富裕道路，促进人的全面发展，做到发展为了人民、发展依靠人民、发展成果由人民共享。"③ 可见，在发展的基础上由广大人民共享改革发展的成果既是我们取得改革开放伟大胜利的宝贵经验之一，同时也是我们继续推进改革开放和社会主义现代化事业所必须坚持的一项重要原则。

2012 年 11 月 8 日党的十八大把科学发展观同马克思列宁主义、毛泽东思想、邓小平理论、"三个代表"重要思想一道，确立为党必须长期坚持的指导思想，并把实现全体人民共同富裕和促进人的全面发展纳入到中国特色社会主义道路的内涵之中。党的十八大报告中四次提到发展成果由人民共享的命题，指出贯彻科学发展观，把以人为本作为深入贯彻落实科学发展观的核心立场，就要不断实现发展成果由人民共享、

---

① 《十七大以来重要文献选编》（上），中央文献出版社 2009 年版，第 12 页。
② 同上书，第 803 页。
③ 《十七大以来重要文献选编》（中），中央文献出版社 2011 年版，第 1003 页。

促进人的全面发展；在新的历史条件下夺取中国特色社会主义新胜利，就要坚持走共同富裕道路，使发展成果更多更公平惠及全体人民；推动城乡发展一体化，就要加大统筹城乡发展力度，让广大农民平等参与现代化进程、共同分享现代化成果；实现发展成果由人民共享，就要深化收入分配制度改革，努力实现"两个同步"、提高"两个比重"，初次分配和再分配都要注重公平。可见，发展成果由人民共享已经渗透到经济社会发展的各个领域，成为中国共产党治国理政的重大战略思想。

（二）关于文化发展成果共享思想的发展渊源

文化发展成果共享思想是对共同富裕思想和发展成果由人民共享思想在文化领域的丰富和扩展。同时也是对我们党关于社会主义文化为人民服务的发展方向以及培养全面发展的社会主义新人的社会主义文化建设根本任务等思想的进一步继承和发展。1997 年 5 月 1 日，江泽民从促进残疾人事业的发展和保护弱势群体角度，首次把共享文化成果与共享物质成果并列提出，他指出："通过发展残疾人事业，使他们的权利得到更好的实现，使他们以平等的地位和均等的机会，参与社会生活和国家建设，共享社会物质文化的成果。"[①] 2001 年 7 月，江泽民在《庆祝中国共产党成立八十周年大会上的讲话》中首次提出人民文化利益的问题，指出："在社会不断发展进步的基础上，使人民群众不断获得切实的经济、政治、文化利益。"[②] 并强调"繁荣社会主义文化，使人人都有受教育的机会和享受文化成果的充分权利，使人们的精神世界更加充实、文化生活更加丰富多彩。"[③] 2006 年 3 月 28 日，李长春在全国文化体制改革工作会议上的讲话中关于充分认识深化文化体制改革的重大意义问题中指出："这就要求我们深化文化体制改革，加快建立有利于文化发展面向群众、面向市场，文化工作者各尽其才、各得其所，优秀文化产品不断涌向的体制机制，最大限度地激发文化发展的活力，激励广大文化工作者创作和生产更多思想性、艺术性俱佳的精品力作，促进文化自身繁荣，使发展的成果惠及全体人民。"[④] 2006 年 9 月制定的

---

① 《江泽民文选》第 1 卷，人民出版社 2006 年版，第 648 页。
② 《江泽民文选》第 3 卷，人民出版社 2006 年版，第 279 页。
③ 同上书，第 295 页。
④ 《十六大以来重要文献选编》（下），中央文献出版社 2008 年版，第 375 页。

《国家"十一五"时期文化发展规划纲要》指出，我国文化发展要"坚持以人为本，保障和实现人民群众的基本文化权益，使广大人民群众共享文化发展成果。"① 同时纲要中进一步从完善公共文化服务网络体系、加强农村文化建设、建立健全文化援助机制、鼓励社会力量捐助和兴办公益性文化事业等方面全面论述了加强公共文化服务建设，标志着实现文化发展成果由人民共享从理论层面进入到实际操作层面。2007 年10 月15 日胡锦涛总书记在党的十七大报告中指出："要充分发挥人民在文化建设中的主体作用，调动广大文化工作者的积极性，更加自觉、更加主动地推动文化大发展大繁荣，在中国特色社会主义的伟大实践中进行文化创造，让人民共享文化发展成果。"② 这进一步把人民共享文化发展成果的命题在党的报告中正式明确地提出来。

党的十七大以后，我们党根据社会主义文化建设和发展的实践，遵循社会主义文化的发展规律，多次论述文化发展成果共享的问题。2008 年12 月18 日胡锦涛同志在纪念党的十一届三中全会召开30 周年大会上的讲话："我们要始终坚持社会主义先进文化前进方向，兴起社会主义文化建设新高潮，在中国特色社会主义的伟大实践中进行文化创造，让人民共享文化发展成果，使社会文化生活更加丰富多彩，人民精神风貌更加昂扬向上。"③ 2011 年胡锦涛同志《在庆祝中国共产党成立90 周年大会上的讲话》中明确要求："在中国特色社会主义伟大实践中进行文化创造，让人民共享文化发展成果。"④ 2011 年10 月18 日中国共产党第十七届中央委员会第六次全体会议通过审议通过的《中共中央关于深化文化体制改革推动社会主义文化大发展大繁荣若干重大问题的决定》，又从推进社会主义文化大发展大繁荣，建设社会主义文化强国的高度，论述中国特色社会主义文化发展道路要以科学发展为主题，以满足人民精神文化需求为出发点和落脚点，坚持文化发展以人为本，坚持文化发展为了人民、文化发展依靠人民、文化发展成果由人民共

---

① 《文化建设"十一五"规划》，中国网（http. //www. China. com. cn），2006 - 11 - 09。
② 《十七大以来重要文献选编》（上），中央文献出版社2009 年版，第28 页。
③ 同上书，第803 页。
④ 胡锦涛：《在庆祝中国共产党成立90 周年大会上的讲话》，人民出版社2011 年版，第23 页。

享。要通过构建公共文化服务体系、发展现代传播体系、建设优秀传统文化传承体系和加快城乡文化一体化发展，大力发展公益性文化事业，保障人民基本文化权益。

2012 年 11 月 8 日党的十八大进一步强调，扎实推进社会主义文化强国建设，重要内容之一就是不断丰富人民精神文化生活，"让人民享有健康丰富的精神文化生活，是全面建设小康社会的重要内容。"① 并从文化产品的创作导向、公共文化服务建设、文化传承体系建设、繁荣少数民族文化事业、开展群众性文化活动、加强网络文化建设、普及科学知识和开展全面健身运动八个方面，具体论述了如何进一步丰富人民精神文化生活，实现文化发展成果由人民共享。2013 年 11 月 12 日党的十八届三中全会通过的《中共中央关于全面深化改革若干重大问题的决定》中，又从全面深化改革的总目标的高度论述推进国家治理体系和治理能力现代化，注重改革的系统性、整体性、协同性，完善和发展中国特色社会主义制度，让发展成果更多更公平惠及全体人民。这一思想具体到文化建设领域，集中体现在党的十八届三中全会提出的通过协调机制建设、服务设施网络建设、评价和反馈机制建设、绩效考核机制建设和推动公共文化服务社会化发展等举措，构建现代公共文化服务体系。

二 在有关"发展成果由人民共享"的研究成果中，涉及以下几个方面的问题②

（一）关于发展成果由人民共享的科学内涵

学界对于共享发展成果的定义，主要从共享的主体和共享的客体两个方面展开研究。有代表性的观点：汪荣有认为所谓共享，就是要构建与经济发展水平相适应的社会保障安全体系，使全体社会成员共同享受大家创造出的福利，从而使每个成员得到全面的发展。从本质上说，就

---

① 《坚定不移沿着中国特色社会主义道路前进 为全面建成小康社会而奋斗》，人民出版社 2012 年版，第 32 页。

② 此部分的内容已刊发在《理论界》2012 年第 8 期。标题为《十六大以来发展成果由人民共享思想研究综述》。

是实现经济社会发展的公平与正义。① 吴忠民认为社会发展的基本宗旨是人人共享、普遍受益。共享发展成果包括三个方面含义：每个社会成员的基本尊严和基本生存条件能够得到维护和满足；每个社会成员的基本发展条件能够得到保证；每个社会成员的生活水准和发展能力能够随着社会发展进程而不断地得以提升。②

从共享的主体角度来看，佘远富认为共享发展成果的主体应该是全体人民。"全体人民"具体应该包括三个方面：一是指正在参与、支持、拥护中国特色社会主义建设的一切社会成员；二是指长期参与社会改革发展活动、现已退休退职人员；三是指将要参与社会改革发展活动的潜在的后来人员。③ 孟庆瑜认为共享的主体是全体社会成员，从终极意义上讲就是指以各种社会角色或形态存在的自然人，从现实意义上来看，这里的全体社会成员包括全体国民、企业和国家等所有类型化的社会主体。④

从共享的客体角度来看，李昌麒认为共享的客体即"发展成果"是一个多义性的范畴，需要从广度上加以理解。"改革发展成果就是指在改革发展中，公民和社会群体能够感受得到的一切物质性和精神性的利益总和，它的范围囊括社会、经济、文化等各个领域的一切社会文明进步成果"。⑤ 佘远富进一步指出，共享的客体分为经济成果、社会成果、政治成果和文化成果等。其中，经济发展方面的物质成果是成果共享的核心和重点。⑥

同时有学者从辨析"共享"及相关概念的角度对共享的科学内涵进行了解读。张春龙比较分析了"共享"与"和谐"、"平均"、"共富"、"共建"、"发展"各概念，指出：和谐处于核心的地位，是目标

---

① 汪荣有：《论共享》，《马克思主义研究》2006 年第 10 期。

② 吴忠民：《社会公正论》，山东人民出版社 2004 年版，第 11—12 页。

③ 佘远富：《发展成果由人民共享：中国特色社会主义的核心命题》，《扬州大学学报》（人文社会科学版）2009 年第 1 期。

④ 孟庆瑜：《主体、客体、理念与机制——改革发展成果分享中的基本法律问题之辨析》，《社会科学研究》2006 年第 4 期。

⑤ 李昌麒：《建立改革发展成果分享的法律机制》，《人民论坛》2005 年第 11 期。

⑥ 佘远富：《发展成果由人民共享：中国特色社会主义的核心命题》，《扬州大学学报》（人文社会科学版）2009 年第 1 期。

和前提；"共建"是实现"发展"，实现"共享"的前提；"共享"的过程就是"共富"的过程；"共富"和"共享"是"共建"的动力。①

（二）关于实现"发展成果由人民共享"的必要性

目前学术界在发展成果由人民共享的必要性问题上基本形成了共识，都认为发展成果由人民共享是十分必要并且具有重要的现实意义，概括起来主要有以下几个方面：

从社会主义改革和发展的目的维度，俞宪忠认为在社会主义改革的进程中，实现绝大多数人受益是实现现代化的动力，现代化进程可持续性的内生力量和根本动力是最大多数的人民大众。提高社会公众的受益程度，是发展中国家迈向现代化的必然选择。② 孙向军认为发展成果由人民共享是社会主义制度本身和社会主义改革目的的本质要求。社会主义改革的目的就是要使广大人民群众的生活水平不断提高，最终实现共同富裕。③

从构建社会主义和谐社会的现实维度，邱耕田、万峰峰认为普遍受益原则是社会发展以人为本所追求的重要原则。社会主义中国要使所有社会成员都能得到实惠或利益，并且这种利益要伴随着社会的发展而不断增强或增加的行为规范与目标要求。④ 葛培贤认为确立起发展成果由人民共享的基本理念是当前构建社会主义和谐社会的最为重要的任务，只有发展成果由人民共享，才能切实维护社会公平正义，才能真正实现社会和谐发展。⑤

从维护社会公平正义的价值维度，吴忠民从社会公正层面上分析了共享发展成果的重要性。他认为，从社会公正和社会发展基本宗旨的层面上看，社会发展的一个至关重要的理念就是：社会成员应当共享社会发展的成果，并以此作为制度安排和制度创新的理念依据。⑥ 张贤明认为公平正义是人类文明进步的标志，是社会主义的基本价值目标。社会

---

① 张春龙：《"共享"及其相关概念辨析》，《学海》2010 年第 6 期。

② 俞宪忠：《现代化的动力是绝大多数人受益》，《文史哲》2000 年第 4 期。

③ 孙向军：《使广大人民群众共享经济社会发展的成果》，《发展论坛》2003 年第 5 期。

④ 邱耕田、万峰峰：《论社会发展的普遍受益原则》，《求索》2001 年第 2 期。

⑤ 葛培贤：《共享社会发展成果构建社会主义和谐社会》，《中国成人教育》2007 年第 4 期。

⑥ 吴忠民：《论共享社会发展的成果》，《中国党政干部论坛》2002 年第 4 期。

公平正义实现的前提条件有两个，一是"秩序"；二是"共享"。"秩序的存在既表明人们在利益问题上的合作，也意味着秩序本身就是所有社会群体共享的一种重要的利益。"因此发展成果由人民共享是实现社会公平正义更为重要的前提条件，是维护社会公平正义的要求。① 赵敏强调"使全体人民共享改革发展成果"是正义的要求，是和谐的基础，是发展的源泉和动力。进而提出实现"全体人民共享改革发展成果"，必须坚持以科学发展观为指导，高扬以人为本精神，更加关注民生，努力消除"社会排斥"，注重保护"少数人"的权益。②

从社会主义改革的历史经验维度，秦宣认为总结苏东剧变的历史教训，一个政党要长期执政就坚决不能脱离人民群众，民心向背"关键看一个政党的实践所带给人民群众的亲身感受和切身利益"。国际共产主义运动的和社会主义国家改革的历史经验昭示我们，社会主义改革必须依靠人民，尊重人民的主体地位，社会主义改革必须以提高人民群众的物质文化生活水平为归宿，发展成果由人民共享。③

从社会主义的民生建设维度，郑功成认为党的十七大报告突出地强调了社会公平、正义、共享的发展理念，将全面改善民生、实现国民共享发展成果作为国家发展的重要目标指向，从而正式宣告我国进入一个全面改善民生、共享发展成果的新时代。④ 潘玲霞则认为"共同富裕"与"成果共享"都是中国特色社会主义理论体系中的重要组成部分。邓小平共同富裕的思想，开启了中国共产党解决民生问题的新阶段，而以胡锦涛为代表的新一代领导集体致力于使改革成果共同分享，加快推进以改善民生为重点的社会建设。这些与时俱进又独具特色的民生思想，是中国特色社会主义理论体系的重要组成部分。⑤

① 张贤明：《共享与正义：论有尊严地共享改革发展成果》，《吉林大学学报》2011 年第 1 期。

② 赵敏：《让全体社会成员共享改革发展成果》，《宁夏社会科学》2006 年第 1 期。

③ 秦宣：《改革必须依靠人民改革成果必须由人民共享——社会主义改革的历史经验（三）》，《中共福建省委党校学报》2007 年第 11 期。

④ 郑功成：《我国进入一个全面改善民生、共享发展成果的新时代》，《理论参考》2008 年第 1 期。

⑤ 潘玲霞：《"共同富裕"与"成果共享"——中国特色社会主义理论体系中的民生思想》，《社会主义研究》2009 年第 1 期。

（三）关于发展成果由人民共享的实现路径

关于发展成果由人民共享的实现路径问题一直是学术界探讨的中心和重点内容，学者们从不同层面、多维视角对发展成果由人民共享的实现路径进行阐释，取得了丰硕的成果，但其中重复的内容较多，综合多名学者的论述，归纳为以下主要观点：

在思想观念和价值取向上，确立起社会成员共享社会发展成果的利益观。赵建杰认为，发展成果由人民共享是科学社会主义的基本理念和核心价值之一，构建社会主义和谐社会与实现发展成果由人民共享需要强有力的观念支持。党和政府要加强政策导向和理念教育，使人们的思维方式从零和博弈转向均胜共赢，在全社会确立起社会成员共享社会发展成果的利益观，充分有效地协调处理各种利益关系，实现发展成果由人民共享，促进社会和谐稳定发展。[①]

在实现机制上，建立全面有效的发展成果由人民共享实现机制。实现发展成果由人民共享不仅要在思想意识上确立共享的观念，同时需要在实践层面上各种机制和体制的有效保障。关于发展成果由人民共享的实现机制，学术界从宏观和微观两个层面进行了诸多有益的探讨，主要包括以下几个方面：

第一，从整体宏观角度构建发展成果由人民共享实现机制。

李昌麒、甘强认为我国当前发展成果由人民共享实现机制可分为"基础机制—分配机制—保障机制—监督机制"。基础机制——促进经济持续发展，大力发展生产力。分配机制——形成合理的收入分配格局。保障机制——切实履行政府职能，建设责任型、服务型政府。监督机制——综合运用多种监管手段，尽可能地实现社会公平。[②]

第二，从微观的多维视角探索发展成果由人民共享。

首先，经济维度。付宇将马克思"重建个人所有制"，重新诠释为重建消费资料个人所有制。认为生产资料公有制是"重建个人所有制"的必要前提。经济体制改革应该继续在公有制基础上探索如何实现劳动

---

① 赵建杰：《当前中国社会利益关系存在的问题的原因及对策》，《东岳论丛》2009 年第 6 期。

② 李昌麒、甘强：《我国改革发展成果公平分享的实现路径构想》，《社会科学研究》2010 年第 5 期。

和所有权的直接同一，重新建立起生活资料的个人所有制，从而保证让全体人民共享改革发展的成果。① 张克中、郭熙保提出经济增长并不能自动地惠及穷人，且经济增长过程中可能伴随着环境恶化、腐败和收入分配不公平等问题。亲贫式增长战略可以促进经济社会可持续发展。赋权于民是亲贫式增长的支柱。为了让发展成果由人民共享，需要在传统的自上而下的治理制中嵌入自下而上的社区驱动发展模式，从而形成政府、市场和社区三位一体的经济转型与发展模式。②

其次，政治维度。蒯正明认为实现发展成果由人民共享需要建立完善的利益表达、协调和决策机制。一是建立符合人民群众利益的利益表达机制。要通过疏通渠道建立和完善人民利益诉求引导机制、疏通原有体制内利益表达渠道、建立相应的组织和机构反映和维护群众具体利益等方式，创造一个公平正义、合理合法的利益诉求环境，这是实现发展成果由人民共享的政治前提；二是建立科学的决策机制。通过完善专家论证机制、完善中枢决策机制和完善决策的责任追究机制，而进一步完善公众参与机制决策保证决策和中枢决断的科学性，这是发展成果由人民共享的重要保障；三是建立利益协调机制。通过健全有效的利益整合机制、健全利益补偿机制和相应的利益约束机制，以满足最大多数人的利益要求、运用公共权力来保护弱势群体的利益和使人们能以合理的行为方式获取应该获取的利益，这是发展成果由人民共享的重要环节。③

再次，社会维度。林其屏认为，要实现发展成果由人民共享必须重视社会事业的建设。建设就业优先机制、建立教育公平机制和健全完善社会保障制度，对于实现发展成果由人民共享起着基本性保障作用。④张贤明提出实现发展成果由人民共享，需要以政府为主体推进基本公共服务均等化。其关键是建立惠及全体人民的基本公共服务体系，其目标

---

① 付宇：《"个人所有制"与让人民共享改革发展成果》，《当代经济研究》2011 年第 3 期。

② 张克中、郭熙保：《如何让发展成果由人民共享——亲贫式增长与社区驱动型发展》，《天津社会科学》2009 年第 4 期。

③ 蒯正明：《保障人民共享 30 年改革发展成果利益的机制构建》，《吉首大学学报》2008 年第 9 期。

④ 林其屏：《"成果共享"的实现必须形成六大机制》，《经济问题》2008 年第 2 期。

取向是构建民生政治新形态，立足点是着力改善和保障民生。①

最后，法律维度。李昌麒、甘强认为应从建立和完善土地利益的公平分享法律制度、建立和完善自然资源利益的公平分享法律制度、建立和完善环境利益的公平分享法律制度、建立和完善产业利益的分享法律制度、建立和完善劳动就业利益公平分享的法律制度、建立和完善公共投资利益的公平分享法律制度、建立和完善融资体制改革成果的公平分享法律制度、建立和完善改革发展成果公平分享的财税法律制度八个方面去构建发展成果由人民共享的法律制度。通过这八个方面法律制度的改革与完善，可以有效化解中国改革发展成果分享不公的现实矛盾和冲突，为构建和谐社会提供有力的制度性保障。②

（四）关于发展成果由人民共享研究的不足之处

党的十六大以来，国内学者对发展成果由人民共享相关问题的研究取得了一定的成绩，通过采用跨学科、多学科的研究方法，从多个层面、多种角度研究了发展成果由人民共享思想的基本内涵、必要性、限制因素、实现路径等相关问题，研究思路不断从抽象到具体、从宏观探讨到微观分析全面深入展开。与此同时，发展成果由人民共享思想的研究随着社会的发展在研究的广度和深度上都应不断拓展，目前理论界的研究工作还需要从以下几个方面不断拓展理论研究的空间。

一是目前国内关于马克思、恩格斯、列宁的共享思想相关的系统研究较少，因此要从马克思主义发展史的角度进一步加强对马克思、恩格斯、列宁的共享思想研究，以及对马克思主义经典作家的共享思想与中共领导人共享思想之间的逻辑关系进行深入研究。

二是关于发展成果由人民共享思想在社会主义价值目标中地位的研究，大多数学者都强调发展成果由人民共享的经济意义和功能，强调发展成果由人民共享对改革进程本身的依赖，因此需要把发展成果由人民共享作为一项独立活动领域的特征和价值进行定位，以对发展成果由人民共享的必要性和意义进行深入研究。

----

① 张贤明：《怎样实现有尊严的共享：论有尊严地共享改革发展成果》，《吉林大学学报》2011年第1期。

② 李昌麒、甘强：《我国改革发展成果公平分享的实现路径构想》，《社会科学研究》2010年第5期。

三是发展成果由人民共享的限制性因素研究,目前大多数学者的研究都局限于共享意识缺乏、体制原因和生产力原因的研究,而缺少多维度深层次的分析,应进一步从多角度多层次进行研究,在经济、政治、文化和社会等多个领域全方位展开。

四是关于发展成果由人民共享的实现路径研究,低水平重复性劳动成果较多,创新性研究成果较少。国内大多数学者仅是局限于对现有制度和体制的变革研究,而对于探索建立合乎发展成果由人民共享规律的新制度和新体制研究较少,应在创新制度和体制上进一步展开深入研究。

五是对于国外共享思想的系统研究较少。就现有的研究成果来看,十分缺乏对于国外发展成果分享的理论和实践的系统研究,因而也比较缺少对于国外发展成果分享的成功经验借鉴,系统的国外共享思想研究应进一步加强。

第三节　研究的基本思路和方法

一　研究对象

本书以马克思主义共享思想和马克思主义文化观中"以人为本"思想为理论依据,立足于我国社会转型期城乡、区域文化发展中出现的"共享失衡"的现状,以文化发展成果共享机制构建为研究主线,以人民共享文化发展成果为目标,以西方主要发达国家保障公民基本文化权益、实现文化共享的成功经验为借鉴,构建文化发展成果共享机制的理论框架,并依此框架从理论和实践层面分析阻碍我国实现文化发展成果共享的深层原因,探索培育适合我国文化发展特点的文化发展成果共享实现机制的具体策略。

作为本书的研究对象,本书将"文化发展成果"中的"文化"界定为观念形态的狭义文化,是作为精神文明的一种形式而存在的文化,专指与经济、政治、科技、卫生和教育相区别的文学艺术、新闻出版、广播影视以及图书馆、博物馆、文化馆、艺术馆等文化事业和相关的群众文化活动。将本书中的"文化"内涵限定在这个范围,是以我国对现阶段人民群众的两种文化需求的区分为基础的。2010 年李长春在

《正确认识和处理文化建设发展中的若干重大关系，努力探索中国特色社会主义文化发展道路》的讲话中区分和界定了现阶段人民群众的两种文化需求，指出"从总体上看，人民群众的文化需求可以分为两部分，一部分是体现人民群众文化权益的基本文化需求，另一部分是多样化、多层次、多方面的文化需求。现阶段，我们界定的基本文化需求主要包括读书看报、听广播看电视、进行公共文化鉴赏、参加公共文化活动等。在农村，考虑到过去的传统，每个月为农民免费放映一场电影也属于这个范畴。"① 本书中的研究对象"文化发展成果共享"，是指全体人民对社会主义文化发展成果的公平分享，这种公平分享强调的是文化发展的公平性，包括对图书馆、博物馆等公共文化服务和产品的公平分享；对公共文化数字信息网络资源等文化创新成果的公平分享；对参与大众文化、群众文化等文化活动机会的公平分享。这里强调的是每个社会成员的基本文化需求的满足和基本文化权益的保障。因此，本书所涉及的"文化"和"文化发展成果"仅是狭义上的"文化"，是作为精神文明的一种形式而存在的文化，是与经济、政治、科技、卫生和教育相区别，其含义更为窄小，本书即是以这个层面上的"文化"为基点，来具体阐释文化发展成果共享的相关问题的。

二　研究方法②

研究对象的性质决定着方法，方法在一定程度上决定着结论。"文化发展成果共享"理论命题的研究，要以马克思社会主义价值目标为理论依据，综合马克思主义政治学、哲学、社会学多种学科的理论，运用辩证唯物主义和历史唯物主义方法，立足于我国城乡、区域文化共享失衡的现状，全面系统分析文化共享式实现机制的构建，运用制度分析的方法，从宏观的基本机制构建到微观的具体机制的实施，把文化发展成果共享实现机制作为一个有机整体来研究。具体来讲，这一理论命题的研究主要运用以下研究方法：

---

① 《十七大以来重要文献选编》（中），中央文献出版社 2011 年版，第 765 页。
② 此部分内容已刊发在《中共南昌市委党校学报》2012 年第 5 期。标题为《"文化发展成果由人民共享"理论命题的内涵及研究方法》。

第一，文献研究法。

文献研究法主要指在搜集、甄别、整理文献的基础上通过对文献的研究形成对事实的科学认识的方法。在调查研究的基础上，利用文献研究法对马克思主义文献、中央文件和意见、相关的各类期刊论文、学术著作、学位论文、专题研究等方面的文献进行查询、分析、整理，从中找出可以借鉴的内容；通过对马克思共享思想、马克思主义文化观和以人为本思想的解读，提炼出其中的文化发展成果共享思想；通过对文化建设理论、公民文化权利理论和公共文化服务理论的解析，论证文化发展成果共享实现的一般条件。运用文献研究法，由文献对研究主题的界定，可获得概括性的原理，以增加探索性研究领域的新知，为研究主题的进一步深入提供理论支撑和指导。

第二，系统研究法。

系统研究法主要是从系统论的角度出发，根据系统论的联系性、有序性、动态性等特点，把研究对象视为一个整体去分析，然后再从整体的内部与外部、部分与整体的角度去分析。针对文化发展成果共享问题的研究，要从文化发展成果共享的理论来源、文化发展成果共享的理论和现实意义、文化发展成果共享失衡的现状与原因、国外公共文化服务体系的借鉴与启示、我国实现文化发展成果共享的现实路径五大方面展开，把文化发展成果共享这个理论命题作为一个有机整体，用整体性思维来考察，从整体上把握这一理论的连贯性，在社会有机体中透视出这一理论与政治、经济等理论的内在关联，这样才能真正把握文化发展成果共享问题的基本内容与当代价值，才有可能描绘出这一理论命题完整的理论图景。

第三，比较分析法。

比较分析法是根据一定的标准，对两个或两个以上有联系的事物进行考察，寻找其异同，探求普遍规律与特殊规律的方法。对文化发展成果共享问题的研究，在理论上通过对马克思主义经典作家的共享思想与中国共产党人的共享思想的比较分析；通过对马克思主义"以人为本"文化建设思想与中国特色社会主义文化建设思想的比较分析；通过对中国古代公正思想与西方公平正义思想的比较分析，来阐述社会主义文化发展成果由人民共享思想的重要理论渊源。在现实上通过对我国文化发展成果共享实现状况和实现条件进行比较，通过对我国东部地区与西部地区、城市与农村、我国与发达国家之间的比较，从而更准确地反映出我国当前的文化发展成果共享的实现状况。通过对西方主要发达国家在文化管理体制创新的理念、机制、手段等模式的比较分析，总结成功经验，发现可借鉴之处，为我国政府公共文化服务职能创新提供有效参考。

第四，历史与逻辑相统一的方法。

历史和逻辑相统一的方法，是辩证思维的重要原则和方法。历史的方法是对研究对象历史发展的自然进程进行具体的描述进而揭示其发展规律的方法，而逻辑的方法则是以范畴等理论形式的有序运动来阐明理论自身发展的内在规律的方法。文化发展成果共享的理论表述和发展历程内在决定了，只有用历史与逻辑相统一的方法，才能厘清文化发展成果共享的基本内容和基本价值。遵循历史方法与逻辑方法的辩证统一，才能够对研究对象的本质和发展规律进行总体性上的把握。因此，运用这种方法研究文化发展成果共享问题，能够把马克思主义文化观的具体内容与马克思主义文化观的发展历程及当今中国特色社会主义建设实践紧密联系起来。

第四节　主要创新点及不足之处

一　主要创新点

第一，本书在相关研究的基础上，通过对马克思主义文献、中央文件和相关的各类期刊论文、学术著作等方面的文献进行分析和整理，全面地梳理了文化发展成果共享思想的理论渊源，较为系统地论述了这一思想的形成和发展的历史进程，为研究主题的进一步深入提供了理论支撑和指导，这在目前的研究中还不多见。

第二，本书在收集、分析和整合相关数据资料基础上，具体翔实地论述了当前我国文化发展成果共享的现状和存在的问题，并以此现实状况为依据，进一步从思想观念因素、经济发展因素、社会结构因素和文化管理体制因素等方面，深入分析我国文化发展成果共享失衡的内在原因，得出了一些具有规律性、实用性和对策性较强的结论，从而使研究成果具有一定的创建性。

第三，本书在分析比较西方主要发达国家的公共文化政策基础上，系统地梳理了法国、美国和英国等国家在公共文化的运行管理、公共文化资助、公共文化绩效评估和公民参与等方面的理论与实践，并在此基础上进一步总结提炼出供我国借鉴的成功经验，具有一定新意。

第四，本书在分析我国文化发展成果共享现状和借鉴西方公共文化服务成功经验的基础上，探索从文化发展成果共享的治理机制、投入机制、供给机制、实现机制、评估机制和公民参与机制六个层面，展开对文化发展成果共享机制的设计与研究，以期为今后的相关研究提供一定的思路借鉴，这也是一种新的尝试。

二　研究的不足

由于文化发展成果共享问题涉及马克思主义理论、政治学、文化学、管理学等多学科领域，并且学术界对于文化发展成果共享这一命题缺乏完整而系统的深入分析，可供参考的直接资料很有限，因此本书的理论性尚需加强。在今后研究中要从以下几个方面进行进一步探索和深入研究。

第一，在理论研究上，应进一步加强对当代公共经济学理论和公共管理学理论的深入研究，并以上述理论为支撑，为今后的研究提供重要的理论借鉴和启示。

第二，在国外公共文化发展经验的研究上，应在今后的研究中不断拓展，要在继续关注法国、美国和英国等西方发达国家公共文化服务的理论和实践基础上，加强对日本、韩国等其他国家公共文化政策的研究，以期总结和提炼出更多更适合我国现实国情的经验启示。

第三，在文化发展成果共享的机制研究上，要在进一步深入展开对现有体制和机制内部构建的纵向研究基础上，加强对文化发展成果共享的各个机制之间关系的横向研究，以期实现各个机制之间相互联系、相互统一，形成有效的文化发展成果共享机制系统。

第二章　文化发展成果共享思想的发展历程探析

文化发展成果共享思想，有着深远的理论来源。这一思想的理论源头可以追溯到马克思、恩格斯等经典作家的共享思想，这一思想的理论依据集中体现在马克思主义经典作家文化思想中对"以人为本"思想的论述。作为社会主义国家的中国，秉承了发展成果共享和"以人为本"的文化建设思想和理念，从新中国成立初期毛泽东的共同富裕思想和文化建设思想，到改革开放以来的发展成果共享思想和文化建设理论，展现了中国共产党对这一思想不断探索和实践的历史进程。

第一节　文化发展成果共享理论溯源

建立人人富裕，发展成果人人共享的新社会是科学社会主义的重要价值目标。虽然马克思、恩格斯、列宁等马克思主义经典作家们并未明确提出"发展成果共享"的概念，但在其诸多的理论研究和著作中，却体现和蕴含着丰富的共享思想，这些思想是文化发展成果共享思想的重要理论源头。

一　马克思主义经典作家的共享思想是文化发展成果共享的理论源头

（一）马克思、恩格斯的发展成果共享思想

科学社会主义自诞生之日起就以实现全体社会成员的共同富裕为目标。在马克思、恩格斯的公平正义思想、人本主义思想和社会分配等思想中都蕴含着丰富的发展成果共享思想，这些思想对于文化发展成果共

享思想具有十分重要的理论启示。

马克思、恩格斯公平正义思想揭示了共享的社会形式——共产主义社会。发展成果共享即是要求全体社会成员能够有平等分享成果的权利和公平分享发展成果的机会，这是社会主义追求公平正义价值取向的内在要求。社会主义和共产主义作为替代资本主义的理想社会制度，其追求的首要价值目标就是实现公平正义。对于公平正义思想的论述，马克思、恩格斯立足于唯物史观和资本主义经济社会发展的客观实践，指出公平问题具有历史性，公平观念是在一定的历史条件下形成的，是一种历史发展的产物，要全面客观地考察社会公平问题，就要把公平问题置于现实之中，与现存的经济和社会关系联系起来。在分析资本主义社会的公平问题时，马克思、恩格斯的着眼点是通过分析资本主义社会中资本利用占有的生产手段和市场，从而剥削自由劳动来阐述自己的理论。在资本主义社会之所以会产生资产阶级与无产阶级两大阶级的阶级对立和财富上的两极分化，之所以会出现种种不公正不平等的社会现象，其根本原因就在于资本主义剥削制度的存在，在这种制度下资本家阶级通过占有的生产资料无偿榨取和占有工人阶级的剩余价值，这种剥削制度是资本主义社会存在种种不公正问题的社会和制度根源。因此，马克思、恩格斯指出："真正的自由和真正的平等只有在共产主义制度下才可能实现；而这样的制度是正义所要求的。"① 只有通过代表社会上绝大多数人及其利益的无产阶级运动和革命，推翻资本主义剥削制度，建立社会主义和共产主义新制度，才能实现真正意义上的社会公平。因为，在未来的社会主义和共产主义社会，通过生产力的极大发展，能够保证一切社会成员的富足和全面发展；通过生产资料的全体社会成员联合占有和全体社会成员共同参加民主管理，能够保证全体社会成员共同占有劳动产品；通过消灭三大差别，彻底消灭阶级和阶级对立，消除旧的社会分工和城乡差别，能够保证全体社会成员共同享有大家创造出来的福利。马克思、恩格斯的上述关于公平正义思想的论述揭露了资本主义社会不公正现象的根源，并进一步揭示了实现发展成果人民共享的社会形式，即社会主义社会和共产主义社会。社会主义和共产主义社会的

---

① 《马克思恩格斯全集》第 1 卷，人民出版社 1956 年版，第 582 页。

价值目标和本质要求是实现全体社会成员共同享有发展成果。

马克思、恩格斯人本主义思想揭示了共享的主体——全体社会成员。马克思主义是关于无产阶级和全人类解放的科学，马克思、恩格斯设想的未来社会是社会生产力高度发达基础上的每个人自由而全面发展的"自由人联合体"，在"自由人联合体"中"每个人的自由发展是一切人的自由发展的条件"。① 在马克思、恩格斯看来，共享发展成果，每个人自由全面发展是社会发展的终极目标。马克思、恩格斯从现实的、具体的人出发，认为社会是由每个个体的人所组成，每个人的自由发展是社会自由发展的前提和条件。因此社会的发展应该是以人为本位的发展，人的发展是社会发展的最终目的。正如 1844 年马克思在《詹姆斯·穆勒〈政治经济学原理〉一书摘要》中所指出的："活动和享受，无论就其内容或就其存在方式来说，都是社会的，是社会的活动和社会的享受。"② 这从社会性是人的本质属性角度，揭示了社会活动应该由全体社会成员的平等参与，社会活动的成果应该由全体社会成员平等共享。对于社会成员之间的平等问题，恩格斯认为现代平等概念应当从人的共同特性和人之为人之中进行引申，即一切人、一切国家公民和一切社会成员都应该享有平等的政治和社会地位。这进一步揭示了，人们在共同的发展中互为发展，共同享有社会发展的成果是社会平等和全体社会成员全面自由发展的必然要求。马克思、恩格斯上述的人本主义思想，强调关注每个社会成员的价值和尊严，强调社会发展的目的是为了每个个体人的发展而发展，厘清了人的发展与社会发展的关系，指出了全体社会成员应当具有平等享有发展成果的权利和机会，突出揭示了发展成果共享的主体必须是全体社会成员，即实现每个人自由发展的"自由人"基础上，组成全体社会成员共同发展的"联合体"，实现"自由人"与"联合体"的有机统一。

马克思、恩格斯社会分配思想揭示了共享的必要前提——发展生产力。马克思指出，"消费资料的任何一种分配，都不过是生产条件本身

---

① 《马克思恩格斯选集》第 1 卷，人民出版社 1972 年版，第 273 页。

② 马克思：《1844 年经济学哲学手稿》，人民出版社 1985 年版，第 78 页。

分配的结果"。① 要实现发展成果由人民共同分享，生产力的大力发展
和物质财富的不断增加是其重要的物质基础。马克思认为，"劳动"是
公平地分配个人消费资料的重要尺度。由于受生产力发展状况的制约，
社会主义社会的分配原则是实行按劳分配，即对社会总产品作了各项必
要的社会扣除以后，按照各人提供给社会的劳动的数量和质量分配个人
消费品。但是按劳分配原则仍未超出商品货币关系的框架，即仍是
"一种形式的一定量劳动同另一种形式的同量劳动相交换"② 的等价交
换原则。在这种分配原则下，劳动者的权利和平等是依其提供的劳动来
决定的。但在现实中由于劳动者天赋的不同，工作能力就会不同，这种
分配原则没有顾及劳动者在现实中个人情况的差异，只是形式上的平
等，而在内容上是不平等的。马克思、恩格斯进一步设想，真正的平等
和共享只能在生产力高度发达的共产主义社会实现，因为在社会化大生
产的条件下，生产力的极大发展能够"保证一切社会成员有富足的和
一天比一天充裕的物质生活"。③ 而在这种生产方式和生产力水平基础
上的实行的分配原则就是：各尽所能，按需分配。马克思、恩格斯的上
述关于社会分配思想中，关于未来社会主义社会和共产主义社会所采取
的分配原则的相关论述，揭示了共享的基础和前提，即高度发达的生产
力是实现共享的物质基础，而全体人民的积极劳动和参与则是实现共享
的必要前提。

（二）列宁的发展成果共享思想

　　列宁继承了马克思、恩格斯的共享思想，并结合社会主义建设的实
践发展和丰富了马克思、恩格斯的共享思想，把共享思想运用于社会主
义建设实践。

　　对共享主体的深化。列宁在坚持马克思关于未来社会发展阶段基本
理论的同时，创造性地提出，共产主义社会要经历社会主义和共产主义
两个发展阶段。列宁认为在社会主义阶段，社会仍存在一些破坏和反对
社会主义事业的人，这些人不能和人民一起共享发展成果，因此社会主

---

① 《马克思恩格斯文集》第 3 卷，人民出版社 2009 年版，第 436 页。
② 同上书，第 434 页。
③ 同上书，第 563 页。

义阶段共享的主体不可能是全体社会成员，而只能是人民。在不同发展阶段，共享的主体不同，这是列宁对马克思、恩格斯共享思想的丰富和发展。同时，对于共享主体的问题，列宁特别强调要让农民共享发展成果。通过吸取战时共产主义政策的消极影响的经验教训，列宁认识到社会主义建设是"全体社会劳动群众的事业"，必须要调动广大农民建设社会主义的积极性。因此，"必须以同农民个人利益的结合为基础"①，满足农民的各方面利益需求。这一思想体现在列宁对发展缓慢的村社和生活困难的农户的高度关注上。十月革命胜利后，全俄工兵代表苏维埃第二次代表大会公布的《农民的土地问题委托书》中就有针对困难的农民作出的规定。该委托书规定，国家不没收土地少的农民的耕畜和农具，因年老或残废而不再能自己耕种土地的农民，可向国家领取赡养费，针对土地不够分配的困难村社，列宁和俄共（布）提倡用移民的方法加以解决。针对农村住房和农村供应农业机械的问题，列宁指出通过征用富户住房和优先供应农业机械给困难贫农的解决方法。列宁在苏俄各个时期对困难农民的关注，体现了列宁强调农民能够共享发展成果，把广大农民纳入共享的主体的思想，这是对马克思、恩格斯共享思想的继承和进一步深化。

对共享内容的丰富发展。在社会主义建设的实践中，列宁指出要让劳动群众共享经济、政治、文化成果，这是社会主义人权的体现。列宁认为社会主义人权具有现实性，它不是在形式上宣布权利和自由，而是让人民能实际地享受权利和自由，切实地享受到社会主义经济、政治、文化发展的成果。同时人民共享应该具有广泛的内容，人民群众应该不受财产、文化、居住地、性别、民族、宗教信仰等的限制，都能够平等地享受政治、经济、文化、教育和宗教等各方面的平等权利。在经济上，列宁强调国民经济的发展要与尊重个人利益相结合，"必须把国民经济的一切大部门建立在同个人利益的结合上面"②，要体现和尊重个人利益，让劳动群众享有经济发展成果。在政治上，列宁强调广大劳动群众能够参与管理和监督国家事务、拥有自由的选举权和罢免权等政治

---

① 《列宁选集》第4卷，人民出版社1995年版，第581页。
② 同上书，第582页。

权利，因为"无产阶级专政，向共产主义过渡的时期，将第一次提供人民享受的、大多数人享受的民主"①。以人民的权利来制约国家的公共权力，由人民来管理国家，让劳动群众共享政治发展成果。在文化上，列宁强调劳动群众的受教育水平和文化素质直接决定了其享受文化发展成果的程度和能力，因此广大劳动群众要学习文化，要大力发展教育事业，提高劳动群众的文化素质，并在实践中开展文化革命。列宁的上述思想是其结合社会主义建设实践，在共享内容上对马克思恩格斯共享思想的进一步丰富和发展。

对实现共享的制度基础的论述。马克思和恩格斯通过论述公平正义思想揭示了共产主义社会是实现共享的社会形式。列宁在继承这一思想的基础上进一步指出，作为共产主义社会第一阶段的社会主义社会具有更高的生产效率和公平公正的分配，是实现共享的制度基础。列宁指出："要消灭人民的贫穷，唯一的办法就是彻底改变全国的现存制度，建立社会主义制度，就是说：剥夺大土地占有者的田产、厂主的工厂、银行家的货币资本，消灭他们的私有财产并把它转交给全国劳动人民。"② 列宁预言："到那个时候，共同劳动的成果以及从各种技术改良和机器中所得到的好处，都将归全体劳动者、全体工人所有。"③ 因此，"我们要争取新的、更好的社会制度：在这个新的、更好的社会里不应该有穷有富，大家都应该做工。共同劳动的成果不应该归一小撮富人享受，应该归全体劳动者享受。机器和其他技术改进应该用来减轻大家的劳动，不应该用来使少数人发财，让千百万人民受穷。这个新的、更好的社会就叫社会主义社会。关于这个社会的学说就叫社会主义社会。"④ 列宁认为，社会主义制度从两个方面给人民共享提供了条件：一方面，"社会主义能创造新的高得多的劳动生产率"⑤，这是实现人民共享的物质前提；另一方面，社会主义"制度是正确的，劳动和粮食的分配是

① 《列宁选集》第3卷，人民出版社1995年版，第191页。
② 《列宁全集》第7卷，人民出版社1986年版，第122页。
③ 同上书，第123页。
④ 同上书，第112页。
⑤ 《列宁选集》第4卷，人民出版社1995年版，第16页。

公平的"①，这是实现人民共享的制度基础。

对实现共享的方法和途径的探索。如何把共享思想应用于社会主义建设实践，在实践中探索实现人民共享的途径和方法是列宁对马克思、恩格斯共享思想的重要发展和创新。人民共建思想和建立社会保障制度是列宁对实现共享的方法和途径探索的具体体现。列宁主张在苏维埃政权建立后，必须更加广泛地吸引群众来参加建立社会主义新制度，要充分激发人民群众的建设热情和主观能动性，使之自觉参与到社会主义经济政治文化建设之中，通过发挥民众的首创精神，实现民众在社会主义共建中的共享。列宁指出："最主要的是使被压迫的劳动者相信自己的力量，通过实践让他们看到，他们能够而且应该亲自动手来合理地最有秩序最有组织地分配面包、各种食品、牛奶、衣服、住宅等等，使这种分配符合贫民的利益。不这样，就不能把俄国从崩溃和灭亡中拯救出来，而认真地、勇敢地、普遍地开始把管理工作交给无产者和半无产者，就会激发群众史无前例的革命热情，就会使人民同灾难斗争的力量增加无数倍。"② 同时，为了维护广大劳动人民群众特别是弱势群体能够享受社会发展成果的权利，列宁提出了社会保险由国家承担责任主体的国家保险主张。列宁认为，社会保障制度的统一性、平等性和有效性，必须通过无产阶级专政国家政权的权威性以及立法才能得以保证。这种全新的、以国家保险为主要内容的、各阶层群众广泛享受的社会保障制度，为广大劳动群众享受社会发展成果提供了制度保障。上述列宁关于共享的方法和途径的探索，把共享思想由理论应用于实践，是对马克思、恩格斯共享思想的发展和升华。

二 马克思主义文化观中"以人为本"思想是文化发展成果共享的理论依据③

所谓文化观，就是人们关于文化发展的本质、目的和内涵等问题的总的看法和根本观点。从文化的本质和文化发展的角度来审视，马克思

---

① 《列宁选集》第3卷，人民出版社1995年版，第831页。

② 同上书，第306页。

③ 此部分内容已刊发在《广西社会科学》2012年第12期。标题为《论马克思主义文化观中"以人为本"思想的时代化》。

主义文化发展思想中蕴含着丰富的"以人为本"思想,这是文化发展成果共享思想的重要理论依据。

(一) 马克思文化观中的"以人为本"思想

在19世纪自由资本主义时代和工业革命时代,马克思深刻分析和批评了资本主义的异化劳动,从人本的角度揭示了文化的本质、目的和功能,为未来社会主义和共产主义文化的发展指明了方向。

揭示了文化的本质——文化是人的本质的对象化。马克思认为人类物质生活资料的生产、个人生命的生产和再生产、人的精神或意识的生产是人类社会的"三大生产",这三个方面是一个不可分割的整体,"从历史的最初时期起,从第一批人出现以来,这三个方面就同时存在着,而且现在也还在历史上起着作用。"① 它们是"一切人类生存的第一个前提,也就是一切历史的第一个前提"。② 作为人类社会"三大生产"之一的人的精神或意识的生产,其生产和创造的主体也是人类自身。马克思在《1844年经济学哲学手稿》中,从人与自然的基本关系——劳动实践出发,研究了人的本质及其表现形式,并进一步揭示了文化的本质即人的本质力量的对象化。马克思认为,人的自我意识是人与动物的区别,自由的有意识的活动是人的类特性,而人的有意识的生命活动是怎么表现出来的呢? 马克思指出:"正是在改造对象世界的过程中,人才真正地证明自己是类存在物。这种生产是人的能动的类生活。通过这种生产,自然界才表现为他的作品和他的现实。因此,劳动的对象是人的类生活的对象化:人不仅像在意识中那样在精神上使自己二重化,而且能动地、现实地使自己二重化,从而在他所创造的世界中直观自身。"③ 人的这种类特性导致人在改造自然过程中,使自然打上人的烙印,促使"自然的人化"。同时在改造自然的过程中,人增长了认识自然的知识和改造自然的能力,人也被从原始的自然状态"人化"了。因此,文化即人化,文化是人的创造性劳动的结晶,是人的本质力量的对象化。人是精神或意识生产的生产者,是文化的创造主体。

---

① 《马克思恩格斯文集》第1卷,人民出版社2009年版,第532页。
② 同上书,第531页。
③ 同上书,第163页。

阐明了文化创造的目的和功能——文化要以服务人为归宿。文化既是人的创造物，又是人的标志物，文化的意义就在于它对人之为人的价值性。这种价值性既要满足人的生存和发展的需要，更要满足人的精神世界的丰富性、完美性和超越性的需要。马克思在批判的资本主义异化劳动中指出，在资本主义私有制条件下，"劳动为富人生产了奇迹般的东西，但是为工人生产了赤贫。劳动生产了宫殿，但是给工人生产了棚舍。劳动生产了美，但是使工人变成畸形。劳动用机器代替了手工劳动，但是使一部分工人回到野蛮的劳动，并使另一部分工人变成机器。劳动生产了智慧，但是给工人生产了愚钝和痴呆。"① 创造文化的劳动主体不但享受不到文化的创造，反而被文化的创造所压迫和奴役，这不但否定了劳动主体，而且也否定了文化创造自身，这与人类文化创造的目的和作用是相违背的。人创造了文化，反过来也要求文化服务于自己。马克思指出："培养社会的人的一切属性，并且把他作为具有尽可能丰富的属性和联系的人，因而具有尽可能广泛需要的人生产出来——把他作为尽可能完整的和全面的社会产品生产出来……"② 文化创造的目的和功能就在于人的发展，在于培养具有尽可能丰富的属性和联系的全面发展的人。文化作为人的"有意识的生命活动"的直接产物，其首要功能就是满足人的需要，为人也就是文化创造者服务。因此，创造文化的劳动者同时也应有充分的权利去享受文化的创造，这是人的自由全面发展的本质要求，也体现了文化创造的初始目的和最终功能。

指明了未来社会主义、共产主义文化发展的方向——塑造自由全面发展的人。通过对资本主义异化劳动的批判，马克思认为要克服这种异化，使创造文化的主体同时也成为享受文化创造的主体，就必须推翻资本主义制度，实现共产主义。马克思指出："共产主义是对私有财产即人的自我异化的积极的扬弃，因而是通过人并且为了人而对人的本质的真正占有；因此，它是人向自身、也就是向社会的即合乎人性的人的复归，这种复归是完全的复归，是自觉实现并在以往发展的全部财富的范

---

① 《马克思恩格斯文集》第 1 卷，人民出版社 2009 年版，第 158—159 页。
② 《马克思恩格斯全集》第 46 卷，人民出版社 1979 年版，第 392 页。

围内实现的复归。"① 恩格斯强调："每个人都有充分的闲暇时间去获得历史上遗留下来的文化——科学、艺术、社交方式等等——中一切真正有价值的东西；并且不仅是去获得，而且还要把这一切从统治阶级的独占品变成全社会的共同财富并加以进一步发展。"② 在未来的共产主义社会，每个人都是全部的社会财富包括精神财富的所有者，在充分的自由时间内，个人除了从事精神财富的创造活动，而且还通过各种文化和娱乐活动从事着从历史上遗留下来的文化中承受一切有价值的东西的享受活动。因此，社会主义和共产主义文化的发展方向是要塑造摆脱异化状态、独立自主的个体，人们能够上午钓鱼，下午打猎，晚上谈论哲学，实现人的自由全面发展。正如马克思和恩格斯在《共产党宣言》中所指出的，"代替那存在着阶级和阶级对立的资产阶级旧社会的，将是这样一个联合体，在那里，每个人的自由发展是一切人的自由发展的条件。"③

（二）列宁文化观中的"以人为本"思想

在 20 世纪初电气化垄断资本主义的时代，在苏联社会主义建设实践和探索中，在继承马克思关于文化建设和发展的"以人为本"思想基础上，列宁的"以人为本"的文化建设思想逐步形成和发展。

从人本立场出发，发展社会主义教育事业。针对沙俄时期遗留下来的文化落后的状况，列宁认为提高公民的文化素质是苏维埃俄国进行文化建设的重要方面，因为公民的文化水平决定着人民当家作主的实现程度和苏维埃俄国经济建设的成败。列宁指出："文盲是处在政治之外的，必须先教他们识字。不识字就不可能有政治"④，"要使工业电气化，要提高文化"⑤，"不做到人人识字，没有足够的见识，没有充分教会居民读书看报……我们就达不到自己的目的"⑥。提高公民的文化素质就必须大力发展教育事业，列宁十分重视发展社会主义教育事业。列

---

① 《马克思恩格斯文集》第 1 卷，人民出版社 2009 年版，第 185 页。
② 《马克思恩格斯文集》第 3 卷，人民出版社 2009 年版，第 258 页。
③ 《马克思恩格斯文集》第 2 卷，人民出版社 2009 年版，第 53 页。
④ 《列宁选集》第 4 卷，人民出版社 1995 年版，第 590 页。
⑤ 《列宁全集》第 38 卷，人民出版社 1986 年版，第 176 页。
⑥ 《列宁选集》第 4 卷，人民出版社 1995 年版，第 770 页。

宁指出："学校不仅应当传播一般共产主义原则，而且应当对劳动群众中的半无产者和非无产者阶层传播无产阶级在思想、组织、教育等方面的影响，以培养能够最终实现共产主义的一代人。"① 要通过多种形式和途径提高全民族的文化素质，要扫除文盲，学习科学技术，对儿童实行免费义务教育，对成人加强在职培训。列宁认为发展教育事业是社会主义精神文明建设的重要内容，在起草俄共（布）八大的《俄共（布）纲领草案》中，列宁指出：苏维埃政权应该"在实际上使被剥削的劳动者能够真正享受文化、文明和民主的福利，这正是苏维埃政权一项最重要的工作，而且今后应当坚定不移地把这项工作继续下去。"② 社会主义要创造比资本主义更高的精神文明，国家就要增加教育经费和投入，采取多渠道办学，全社会都要承担起文化教育建设的任务，这是建设社会主义精神文明的前提。

从人本立场出发，发展社会主义文学艺术。文学艺术是社会主义文化建设事业的一个重要组成部分，为了使文艺发挥应有的作用，列宁在《党的组织和党的出版物》等论著中，深刻阐述了党对文艺的基本原则。列宁认为，在阶级社会中，文学艺术是有阶级性的，作家创作不可能有超阶级的绝对自由。因此，"写作事业应当成为整个无产阶级事业的一部分，成为由整个工人阶级的整个觉悟的先锋队所开动的一部巨大的社会民主主义机器的'齿轮和螺丝钉'。"③ 文学要"为千千万万劳动人民，为这些国家的精华、国家的力量、国家的未来服务。"④ "要用社会主义无产阶级的经验和生气勃勃的工作去丰富人类革命思想的最新成就。"⑤ 要"组织同社会民主主义工人运动紧密而不可分割地联系着的、广大的、多方面的、多种多样的写作事业"⑥。同时艺术创作也一定要和群众工作密切结合起来，列宁指出："艺术是属于人民的。它必须在广大劳动群众的底层有其最深厚的根基。它必须为这些群众所了解

① 《列宁选集》第3卷，人民出版社1995年版，第725—726页。
② 同上书，第724页。
③ 《列宁选集》第1卷，人民出版社1995年版，第663页。
④ 同上书，第666页。
⑤ 同上。
⑥ 同上书，第667页。

和爱好。它必须结合这些群众的感情、思想和意志，并提高他们。它必须在群众中间唤起艺术家，并使他们得到发展"。"我们应该经常把工人和农民放在眼前"，"这对于艺术和文化方面也不例外"。① 列宁强调文艺创作一定要深入实际、深入群众生活，从中获取创作的源泉，从而更好地为社会主义服务，为人民服务，这是社会主义文艺发展的方向。

从人本立场出发，开展社会主义文化革命。文化革命是坚持全心全意为人民群众服务的政治方向，提高全民族文化素质，巩固苏维埃政权、完成社会主义建设的必要条件。因为"在一个文盲的国家里是不能建成共产主义社会的"②，进行社会主义文化革命的最终目的是培养和造就全面发展的一代新人，无产阶级革命的最终目标不仅在于保证全体社会成员的福利，更在于社会全体成员的自由而全面的发展。列宁曾说，"自从无产阶级取得政权以来，文化革命最重要的条件已经有了，那便是群众的觉醒，群众对文化的企求。为新的社会制度所创造的，同时又创造着这个制度的新人正在成长。"③ 新人既是新型社会文明的创造者，又是新型社会文明创造的最伟大的作品。由此可见，列宁把文化与人、建设新型文明与造就新人结合起来，把实现人的改造看作是文化革命的中心点和归宿点，这是对马克思文化观中"以人为本"思想的继承和发展。同时列宁强调要用马克思主义的观点进行社会主义新文化的创造，列宁认为过去是剥削阶级掌握文化，广大劳苦大众处于被剥削、被奴役、被压迫的地位，文化成为剥削阶级奴役大众的工具，现在，无产阶级掌握了政权，文化成为了人民的财富和权利。他指出："应当明确地认识到，只有确切地了解人类全部发展过程所创造的文化，只有对这种文化加以改造，才能建设无产阶级的文化"，"无产阶级文化应当是人类在资本主义社会、地主社会和官僚社会压迫下创造出来的全部知识合乎规律的发展。"④ 只有坚持对过去一切文化进行彻底的改造，进行社会主义新文化的创造，才能保证社会主义文化全心全意为人民群众服务的政治方向。

---

① 《列宁论文学和艺术》（下），人民文学出版社 1960 年版，第 912 页。
② 《列宁选集》第 4 卷，人民出版社 1995 年版，第 294 页。
③ 蔡特金：《回忆列宁》第 5 卷，人民出版社 1982 年版，第 66 页。
④ 《列宁选集》第 4 卷，人民出版社 1995 年版，第 285 页。

第二节　中国共产党对文化发展成果共享
思想的探索

　　党的十八届三中全会指出，坚持以人为本，尊重人民主体地位，是改革开放伟大实践的重要经验之一。坚持中国特色社会主义文化发展道路，就要坚持以人民为中心的工作导向，坚持把社会效益放在首位。这一思想的精髓和实质深深蕴含于中国共产党几代领导集体对"共富共享"思想和"以人为本"文化发展思想的探索历程之中。

一　中国共产党对"共富共享"思想的继承与发展

（一）毛泽东首次提出并论述共同富裕问题

　　实现共同富裕和发展成果共享一直是中国共产党人所奋斗的理想和目标。中国共产党第一次明确地使用"共同富裕"概念是在 1953 年由毛泽东主持制定的《中共中央关于发展农业生产合作社的决议》中，指出要"使农民能够逐步完全摆脱贫困的状况而取得共同富裕和普遍繁荣的生活"。[1] 此后毛泽东又多次、比较系统地论述了共同富裕思想，其内容主要包括以下几个方面：

　　第一，社会主义是实现共同富裕的必由之路。1953 年土地改革之后，大部分农民的生活虽然有所提高和改善，但仍有部分农民的生活还比较困难，富裕的农民还只占少数。毛泽东从巩固工农联盟的政治高度指出，如果不能在提高生产力的基础上使广大农民增加收入，共同富裕起来，出现了两极分化的现象，那我们党就会失去大部分仍然贫穷的农民的支持和信任，因此"要巩固工农联盟，我们就得领导农民走社会主义道路"。[2] 同时毛泽东也指出，为了摆脱贫困和改善生活，大多数农民也有联合起来的要求和走社会主义道路的积极性。因此我们党要充分认识到广大农民这一迫切的愿望和要求，积极领导广大农民走社会主义的道路，实现"集体化"发展，建立社会主义生产资料的公有制，

---

　　① 《建国以来重要文献选编》第 4 册，中央文献出版社 1993 年版，第 662 页。

　　② 《建国以来重要文献选编》第 7 册，中央文献出版社 1993 年版，第 308 页。

这是实现全体农民共同富裕的必由之路和制度保障。

第二，广大农民的共同富裕是实现共同富裕的重点和主体。由于我国是一个农业人口占多数的国家，根据这一现实国情，毛泽东的共同富裕的设想是在农民富裕的基础上，进一步实现整个国家的共同富裕。因此，实现广大农民的共同富裕是毛泽东共同富裕思想的出发点和着眼点，毛泽东的共同富裕思想和实践也主要是针对广大农民群众的现实情况设计和制定的。新中国成立后，为了帮助广大农民摆脱贫困，我们党在农村救济、医疗、教育等方面进行了诸多的探索。在救济方面，由于新中国成立初期国家财力物力有限，毛泽东提出依靠集体力量去解决农村的严重贫困群体经济困难问题。主要是依靠合作社的帮助，对农村中的孤老病残社员实行保吃、保穿、保住、保教（孤儿）、保葬的"五保"供养。并在1962年中共八届十中全会通过的《农村人民公社工作条例修正草案》，把这一做法作为人民公社的一项制度确定下来。在医疗卫生方面，毛泽东十分注重农村医疗卫生条件的改善，并提倡实行和推广合作医疗，在全国兴办县、乡、村三级合作医疗，使广大农民能够依靠集体力量，得到基本医疗卫生保健服务。在教育方面，毛泽东十分重视对农民的教育问题，新中国成立初期在全国农村普遍开展了扫盲运动，并积极支持在农村开展职业技能教育，这对于提高广大农民的科技文化素质，促进农村生产发展，帮助广大农民的摆脱贫困，都起到了重要的推动作用。

第三，合作化是实现广大农民共同富裕的现实路径。新中国成立初期，随着农村中新富农的出现，贫困农民由于缺少生产资料仍然处于贫困的状态，如果任其发展，农村中两极分化的现象势必会逐渐发展起来。对于这个问题毛泽东十分忧虑，并强调这个问题的解决要有一个新的基础。而这个新的基础就是进行社会主义改造，让广大农民组织起来，实行合作化。通过合作化消灭农村中的富农经济和个体经济，在合作社生产资料集体所有制的条件下，"使全体农村人民共同富裕起来"。[①] 同时毛泽东也强调，这里的"富"是包括地主阶级在内的共同的富裕，是让占人口绝大多数的广大农民都能享受到国家建设和发展所

---

① 《建国以来重要文献选编》第7册，中央文献出版社1993年版，第308页。

取得的成果。

（二）邓小平全面系统论述了具有中国特色的共同富裕思想

改革开放以后，在解放思想、实事求是精神的指导下，邓小平从社会主义本质和根本原则的高度论述了共同富裕思想，形成了比较全面系统的具有中国特色的共同富裕思想体系。

第一，共同富裕是社会主义的本质要求和根本原则。邓小平指出，社会主义与资本主义的根本区别之一就是，社会主义的富裕不是部分人的富裕，而是全体人民的共同富裕，社会主义最大的优越性就是全体人民共同致富。20 世纪 80 年代邓小平进一步指出生产资料公有制和共同富裕是社会主义的两个根本原则。生产资料公有制的社会主义生产关系能够保证广大劳动者创造的劳动成果为自己所有，能够实现发展成果由劳动人民所享有，这是在资本主义生产关系条件下所无法达到和实现的。1992 年南方谈话中邓小平明确提出把共同富裕纳入社会主义本质的重要内容，指出在解放和发展生产力的物质基础上，在消灭剥削、消除两极分化的制度保障下，实现全体人民的共同富裕是社会主义所追求的价值目标。

第二，共同富裕的主体是全体人民。新中国成立初期，毛泽东的共同富裕思想的主体和重点主要是围绕如何实现广大农民的共同富裕来论述和实践的。关于社会其他阶级和阶层的共同富裕问题，毛泽东提及较少。在新的历史时期，邓小平拓展了对共同富裕主体的认识，他指出"社会主义的致富是全民共同致富"[1]，"社会主义发展生产力，成果是属于人民的"[2]。全体人民不仅包括占我国人口大多数的农民，还包括工人、知识分子以及社会的各个阶层。这进一步拓展了共同富裕的外延，强调了社会主义发展的成果必须要由全体人民分享，而不是由某一个阶级独享，充分体现了社会主义所追求的公平正义价值取向，从而使共同富裕的内涵更具有科学性。

第三，非均衡发展战略是实现共同富裕的路径选择。改革开放之初，我国的社会生产力发展水平仍然比较落后，在这一现实条件下，邓

---

[1]　《邓小平文选》第 3 卷，人民出版社 1993 年版，第 172 页。

[2]　同上书，第 255 页。

小平总结历史经验教训，认为搞平均主义，无法调动劳动者的积极性，最后的结果只能是共同贫穷。并且我国地域广阔，各地发展极为不平衡是现实国情，要平均发展是不可能的。在这一判断基础上，邓小平创造性地提出实行按劳分配，鼓励支持一部分人和一部分地区先富起来的政策。当然这个部分人和部分地区先富起来的政策有两个前提：一是要通过诚实劳动和合法经营先富起来；二是先富要以共富为目的，要通过"先富"这种手段带动"后富"，最终实现"共富"。关于这个问题，邓小平多次强调，他指出："我们允许一部分人先好起来，一部分地区先好起来，目的是更快地实现共同富裕。"① 邓小平提出的非均衡发展战略集中体现于他的区域发展战略中的"两个大局"思想。东部沿海地区由于发展条件较好，可以先发展起来，然后带动和帮助中西部地区共同发展，这是一个动态的、逐步实现的过程。在邓小平时期发展的重点是如何实现"先富"，对于如何实现"共富"，邓小平也有着诸多思考。他指出："解决的办法之一，就是先富起来的地区多交点利税，支持贫困地区的发展。"② 在具体实践中，邓小平提出国家应当从物质和各方面给予贫困地区以支持和帮助。1984 年国务院下发了《关于帮助贫困地区尽快改变面貌的通知》，并于 1986 年成立专门机构，开始了有计划和有组织的扶贫开发工作，这充分展现了实现全体人民的共同富裕才是我们最终所要实现的根本目标。

（三）江泽民进一步继承和丰富了共富共享思想

在社会主义市场经济体制逐步建立和完善的现实条件下，江泽民进一步坚持并丰富了共同富裕思想，并结合社会主义建设和发展实际，在实践中从多方面进行了诸多探索。

第一，坚持并丰富了共同富裕的根本原则。江泽民继承和坚持了毛泽东和邓小平的共同富裕思想，认为共同富裕是社会主义的根本原则，在一部分人富裕起来的同时，如果一部分人仍然处于贫困状态，这也不是社会主义。因此要把实现共同富裕作为一项长期坚持的政策贯彻实施，作为 21 世纪我国发展战略的重要内容。同时，江泽民又进一步丰

---

① 《邓小平文选》第 3 卷，人民出版社 1993 年版，第 172 页。
② 同上书，第 374 页。

富了共同富裕思想。首先，从实现最广大人民根本利益角度阐述共同富裕思想。他指出，在中国特色社会主义建设实践中，要以实现最广大人民根本利益为出发点和立足点，我们党的各项方针政策，只有兼顾各方面人民群众的根本利益，才能真正实现全体人民的共同富裕。其次，从促进人的全面发展角度阐述共同富裕思想。江泽民指出，共同富裕不仅要有物质生活的富裕，同时更要有精神文化生活的富裕，以实现人的全面发展，这才是真正地符合社会主义本质属性的共同富裕。把共同富裕与最广大人民根本利益和促进人的全面发展相结合，这是江泽民对共同富裕思想的新贡献，进一步丰富和深化了对共同富裕思想内涵的理解。

第二，提出发展成果共享的命题。1997 年江泽民在论述发展残疾人事业的讲话中，从保护弱势群体角度，第一次明确提出"共享社会物质文化的成果"命题。同年党的十五大上，江泽民进一步指出社会主义改革开放和现代化建设的目的和宗旨是，"要努力使工人、农民、知识分子和其他群众共同享受到经济社会发展的成果。"① 以后江泽民又多次论述这一思想，并于党的十六大上，把保证人民共享发展成果作为全面建设小康社会的重要目标。实现发展成果共享是实现共同富裕的表现形式和必由之路，这一思想和命题的提出，是对共同富裕根本原则的坚持和进一步的丰富发展。

第三，拓展了实现共同富裕的途径。在一部分人和一部分地区先富起来之后，进入到发展的新时期，重点要解决的将是如何共富的问题。在社会主义市场经济背景下，江泽民认为要用辩证的观点分析处理发展不平衡和收入差距问题，并结合实际采取了多种举措缩小差距，实现社会公平。主要包括以下几个方面：一是加强社会主义市场经济条件下的国家宏观调控，规范收入分配秩序，健全社会保障和统筹区域均衡发展等举措的实施，对于防止个人收入差距过于悬殊和地区发展差距过大起到了积极的调节作用。二是提出开发式扶贫、支援经济不发达地区的思想。在支援落后地区发展过程中，一直以来所采取的是救济式扶贫方式，往往只是治标不治本。江泽民指出，贫困地区要从根本上摆脱贫困，只是依靠国家扶持和救济不是根本出路，要注重调动贫困地区群众

---

① 《江泽民文选》第 2 卷，人民出版社 2006 年版，第 262 页。

的自身生产建设的积极性，大力开发当地丰富资源，发展当地特色产业，把国家的扶持与贫困地区群众的自我发展结合起来，才能最终摆脱贫困，走上共同富裕的道路。三是统筹区域协调发展，实施西部大开发战略。没有西部地区的发展和富裕，就不能够实现全国的发展和共同富裕。在21世纪之初，党中央果断作出实施西部大开发的战略决策，这是对邓小平"两个大局"思想的贯彻和发展。在实施西部大开发的战略中，江泽民强调发展要有新思路，把国家扶持和西部地区人民自身努力相结合，东部地区要通过各种方式帮助和支持中西部地区发展，形成东西互动的合作机制。

（四）胡锦涛在理论和实践上对共富共享思想的全面探索

党的十六大以来，进入到全面建设小康社会的新时期。在以人为本的科学发展观的指导下，胡锦涛将社会的发展与人的发展紧密结合在一起，从发展的出发点、依靠力量和目的宗旨等方面，阐述了共同富裕的道路是全体人民全面发展、共享成果的发展道路，并在理论和实践中对共富共享思想进行了深入全面的探索。

第一，对共同富裕内涵认识的进一步深化。共同富裕的主体是全面人民，因此"人"的因素是最为关键的因素。胡锦涛指出，共同富裕的道路应该是坚持以人为本的共同富裕，应该是以最广大人民的根本利益为出发点和落脚点的共同富裕，应该是以促进人的全面发展为目标的共同富裕，应该是切实保障人民群众各方面基本权益的共同富裕，应该是能够实现发展成果人民共享的共同富裕。胡锦涛从以人为本的角度和立场，进一步揭示了共同富裕的主体是最广大人民群众，进一步强调了共同富裕所追寻的价值目标的最终落脚点是人民。

第二，提出共同富裕的道路是共建与共享相统一的道路。共享发展成果，不是对社会财富在社会成员中平均分配，实行平均主义，也不意味着一部分人可以不劳而获，坐享其成。胡锦指出，社会主义和谐社会的建设，是共建与共享的结合与统一。共建是前提和基础，只有全体人民共同参与社会建设，才能保障人民群众享有平等的参与权，才能为共享创造丰实的物质基础。共享是目的归宿，只有全体人民共同享有发展成果，才能保障人民群众享有平等的发展权，才能进一步调动人民参与社会主义建设的积极性和主动性。因此在共建中共享、在共享中共建，二者相互促进，辩证统一，是坚持唯物史观基本立场和保证社会主义公平正义的重要体现。

第三，对实现发展成果共享的现实探索。社会主义制度的优越性不仅体现在能够创造更高更发达的社会生产力，更体现于社会主义能够消灭剥削和避免两极分化，实现人民共享发展成果。在我国社会主义经济飞速发展的条件下，胡锦涛强调维护社会公平的重要性，并从多个方面、采取多种手段，维护社会主义公平正义。理顺和规范收入分配关系，建立健全最低工资制度和工资正常增长机制；重视社会建设和民生建设，增加公共支出，加大转移支付，逐步提高社会保障标准；协调区域发展，进一步深入推进西部大开发、全面振兴东北等老工业基地、大力促进中部崛起、积极支持东部率先发展，形成东中西相互促进、良性互动的区域经济发展格局。通过以上举措，使全体人民都能够平等地享有公共产品和服务，都能够平等地享有充分健全的社会保障，从而更多地扶助社会弱势群体，这使我国实现成果共享和共同富裕道路的发展路径更加科学和宽广。

（五）习近平对共富共享思想的深入拓展

第一，始终坚持把人民放在心中最高位置，推动实现人民共享发展成果。党的十八大以来，在习近平总书记发表的系列重要讲话中，"人民"是出现频率最高的词汇之一。始终坚持把人民放在心中最高位置，推动实现人民共享发展成果，凸显了新时期我们党坚持的人民立场与以人为本的执政理念。新一届党的领导集体，始终坚持人民主体地位，充分发挥人民首创精神，坚持以人民对美好生活的向往作为党的奋斗目标，努力解决人民群众的切身利益问题，充分诠释了我们党执政为民理念，实际践行了党的根本宗旨。党的十八大报告把"必须坚持人民主体地位"作为在新的历史条件下夺取中国特色社会主义新胜利必须牢牢把握的基本要求，突出强调了坚持把人民放在心中最高位置，推动实现人民共享发展成果，是全面建成小康社会与实现中华民族复兴的中国梦的必然要求。党的十八大以来，在全面深化改革开放总目标的指引下，在全面推进依法治国的基本方略推动下，社会主义民主不断扩大，民主形式不断丰富，民主渠道不断扩宽，人民群众依法实行民主选举、民主决策、民主管理、民主监督，公民有序政治参与的领域不断扩大，人民民主权利与基本人权得到切实尊重和保障人权。在上述执政理念与发展战略的推动下，广大人民群众的首创精神空前高涨，最广泛地参与到中国特色社会主义事业建设的伟大实践之中，在依法管理国家事务和社会事务、管理经济和文化事业的实践中，不断实现和维护了最广大人民群众的根本利益，推动了社会主义发展成果的人民共享。

第二，健全城乡发展一体化体制机制，注重让广大农民共享改革发展成果。加快推进城乡发展一体化，是党的十八大提出旳战略任务，也是落实"四个全面"战略布局的必然要求。习近平在主持中共中央政治局就健全城乡发展一体化体制机制第二十二次集体学习时指出：要努力在统筹城乡关系上取得重大突破，特别是要在破解城乡二元结构、推进城乡要素平等交换和公共资源均衡配置上取得重大突破，给农村发展注入新的动力，让广大农民平等参与改革发展进程、共同享受改革发展成果。在具体思路上，一是要从国情出发，在立足我国历史文化传统与制度体制的基础上，积极借鉴国际经验，健全顺应我国发展的新特征新要求的城乡发展一体化体制机制。二是发展的着力点是通过促进城乡在规划布局、要素配置、产业发展、公共服务、生态保护等方面相互融合和共同发展，形成以工促农、以城带乡、工农互惠、城乡一体的新型工农城乡关系，从而逐步实现城乡居民基本权益平等化、城乡公共服务均等化、城乡居民收入均衡化、城乡要素配置合理化，以及城乡产业发展融合化的发展目标。三是基本做法是加强体制机制建设，把工业反哺农业、城市支持农村作为一项长期坚持的方针，坚持和完善实践证明行之有效的强农惠农富农政策，动员社会各方面力量加大对"三农"的支持力度，努力形成城乡发展一体化新格局。四是根本动力是要依靠亿万农民，通过推进农村改革和制度创新，加强农村社会治理，推动形成农村基础设施建设机制、城乡基本公共服务均等化体制机制，不断解放和发展农村社会生产力，激发农村发展活力，推动广大农民共享改革发展成果。

第三，坚持包容发展理念，强调公平、协调、共享的区域发展思想。习近平关于区域协调发展的思想，突出了公平、协调、共享的理念，是对邓小平共同富裕思想的延续与深化。关于包容发展的理念，习近平在谈"一路一带"的时候，提到不同种族、不同信仰、不同文化背景的国家可以"包容互鉴",体现了包容的思想,包容发展,除了包容性外,更多地强调平等、公平、缩小差距。包容发展理念集中体现于习近平关于重视农村地区、贫困地区发展发展的思想中,多次强调"消除贫困,改善民生,实现共同富裕,是社会主义的本质要求","全面建成小康社会,最艰巨最繁重的任务在农村、特别是在贫困地区。"强调促进区域协调发展,必须重视中西部落后地区,重视贫困地区,高度重视扶贫工作与扶贫的力度和效果。只有中西部落后地区发展起来了,贫困地区发展起来了,各个区域才能实现协调发展,我们才能够全面建成小康社会。习近平从公平、平等的角度,从广大人民切身利益的角度切入,体现了习近平关于区域发展的思想是从广大农民、广大贫困地区的角度出发的新发展观。上述习近平关于坚持包容理念,促进贫困地区、中部地区、西部地区共同发展的思想,有利于推动各地区的协调发展,有利于推动不同地区、不同的群体共享改革开放的发展成果。

二　中国共产党对"以人为本"文化发展思想的探索与丰富

马克思在《1844 年经济学哲学手稿》中,从人与自然的基本关系——劳动实践出发,揭示了文化的本质即人的本质力量的对象化。文化既是人的创造物,又是人的标志物,文化的意义就在于它对人之为人的价值性。中国共产党几代领导人继承并发展了这一马克思主义"以人为本"的文化发展思想,坚持立足于广大人民群众的基本文化利益,来阐述社会主义文化发展的本质、目的、方向和动力等基本问题,形成了"以人为本"的社会主义文化发展观。

(一)毛泽东文化观中的"以人为本"思想

作为党的第一代领导集体的核心,经历了从革命时期到社会主义建设时期的过渡和发展,毛泽东深刻认识到人民大众的历史地位,只有人民群众才是历史的创造者和推动者,这一思想深刻渗透和全面体现于毛泽东的文化发展思想中。

第一,文化的创造主体和成果享有主体是人民大众。

文化是人的创造物,来源于人民群众的劳动实践和社会实践。毛泽东立足于这一唯物主义历史观,指出劳动人民通过自身最直接地参与劳动实践,对于社会实践有着最深刻的体验,他们的劳动实践中蕴藏着最自然形态的东西。尽管劳动人民所创造的文艺在形式上可能会比较"粗糙"，但这是一切文艺创作所需要的最生动和最基本的东西，是一切优秀文化创作的唯一源泉。作为人类社会的重要组成部分，文化的创造和发展推动主体即是最广大的人民群众。同时作为文化创造的主体，人民群众也应该是文化发展成果享有的主体。早在民主革命时期，毛泽东就论述了新民主主义的文化不应该是"少数人所得而私"的文化，应该是"一般平民所共有"的文化，强调人民群众能够享有文化发展成果，追求实现文化公平。新中国成立后，毛泽东在 1959 年读苏联《政治经济学教科书》的谈话中从保障人民基本文化权利角度论述文化发展成果的享有主体应该是人民群众。毛泽东指出："这里讲到苏联劳动者享受的各种权利时，没有讲劳动者管理国家、管理军队、管理各种企业、管理文化教育的权利。实际上，这是社会主义制度下劳动者最大的权利，最根本的权利。没有这种权利，劳动者的工作权、休息权、受教育权等等权利，就没有保证。"① 在社会主义建设实践中，毛泽东通过发展教育事业，扫除文盲等举措，提高人民群众特别是广大农民的文化素质，注重公共文化福利事业的兴办和发展，提出培养德、智、体全面发展的社会主义"新人"，都是保障人民群众共享文化发展成果的重要体现。

第二，文化的服务方向和服务对象是人民大众。

针对历史上一切剥削社会的文化只是为剥削阶级和反动的统治阶级服务的方向，毛泽东展开了尖锐的批判，并从人民群众是历史动力的唯物史观角度出发，提出我们要建设的是一种不同于以往旧社会文化特征的新文化。这种新文化有着新的发展和服务方向，即是文化为人民大众服务。要为人民大众服务，首先要明确界定"人民大众"的内涵。毛泽东指出，"人民"主要由四种人构成，即是占全中国人口百分之九十以上的工人、农民、城市小资产阶级和士兵，这四种人就是最广大的人民大众。我们的文化即是为全民族中百分之九十以上的工农劳苦民众服务的文化。因此，广大文艺创作者要密切联系群众，以人民群众的现实文化需求为创作导向，以人民群众的现实生活为创作题材，以人民群众

---

① 《毛泽东文集》第 8 卷，人民出版社 1999 年版，第 129 页。

的积极参与为创作动力，要先做人民群众的学生，然后才能做人民群众的老师。只有这样才能够真正创作出属于人民群众的文艺作品，才能真正得到人民群众的喜爱，才能真正实现文艺创作为人民服务方向。

第三，文化的创作和发展形式是大众化。

在明确了文化的服务方向和服务对象后，接下来要面对的问题就是采取何种形式和方式服务于人民。毛泽东指出，"艺术有形式问题，有民族形式问题。艺术离不了人民的习惯、感情以致语言，离不了民族的历史发展。"① 因此，文化创作要坚持服务于人民的方向，就要在文化创作的形式上实现大众化。首先，在文化创作的内容上要做到生活化和真实化。文化创作要来源于生活，真实地反映人民的生活，才能够被人民群众所接受和喜爱，这是实现文化创作和发展大众化的前提。其次，在文化创作的形式上要做到通俗化。文化创作的目的不仅是为了丰富人民群众的精神文化生活，同时也是为了达到教育和启迪人民的效果。而这个目的能否达到，关键的一点是看文化创作能否以人民群众喜欢和易于接受的民族形式，通俗地展现给人民群众，从而使人民群众能够在文艺欣赏中产生共鸣。因此，毛泽东强调文化创作要采取人民群众喜闻乐见的形式，在语言上要尽量做到通俗易懂，在文字上要尽量做到生动、形象，让人民群众乐于去听、去看、去读，也能够听懂、看懂和读懂。这里要注意处理一个问题，就是普及与提高的问题。由于新中国成立初期我国人民群众的文化水平还普遍不高，毛泽东提出我们的文化工作首先要解决好普及问题，通过大力发展教育，在全国展开识字扫盲运动，向人民普及基本的文化知识。在普及的基础上还要不断地提高，因为随着人民的文化水平的不断提高，这是文化工作发展的必然要求和趋势。最后，在文化发展方法上要做到多样化。1955 年毛泽东在扩大的中共七届六中全会上，围绕制定文化教育规划问题谈到，文化发展要实现多样化，这主要包括兴办学校，在学校里开设农民需要的农业课程，出版农民需要的通俗读物和书籍，发展农村广播网、电影放映队，组织文化娱乐活动等。这些多样化的文化发展形式和方法，是毛泽东对文化发展能够实现大众化、服务人民的初步探索。

①　《毛泽东文集》第 7 卷，人民出版社 1999 年版，第 77 页。

（二）邓小平文化观中的"以人为本"思想

进入改革开放和社会主义现代化建设的新时期，在继承毛泽东文化发展思想的基础上，结合时代和实践发展的新特点，邓小平形成了"以人为本"为价值取向的文化发展思想，指明了中国特色社会主义文化建设和发展的方向。

第一，明确了社会主义精神文明建设的根本任务是培养全面发展的社会主义新人。

改革开放后，在物质文明飞速发展的基础上，邓小平从人类社会发展规律出发，立足于马克思主义唯物史观，指出社会主义发展生产力所取得的一切成果应该是属于人民的。在提高人民群众物质生活水平，满足人民享受物质发展成果的同时，也要不断满足和丰富人民群众的精神文化生活，建设高度发达的精神文明，实现人民享有精神文化的发展成果。而提升人的素质，推进人的全面发展则是文化发展成果惠及人民的重要体现。邓小平进而指出，社会主义精神文明建设的根本任务即是培养全面发展的社会主义"四有"新人。"四有"新人的标准是对社会主义公民素质培养提出的综合要求，体现了公民思想道德素质和科学文化素质的有机统一和协调发展。其中，有理想是核心和精神支柱，有道德是行为规范和理想的体现，有纪律是实现理想和维护道德的重要保证，有文化是形成理想信念、道德情操和纪律观念的重要条件。按照"四有"的整体标准培养社会主义新人，才能够提升人的素质，促进人的全面发展，从而真正使文化发展成果惠及人民。

第二，深刻阐述了文艺与文化的人民性问题。

人是文化的创造者，同时也应该是文化的享有者。在继承毛泽东提出的文化为人民服务的社会主义方向思想基础上，邓小平进一步强调中国特色社会主义文艺与文化的人民性问题。在第四次文代会祝词中，邓小平详细论述了社会主义文艺、文艺工作者与人民的关系。立足于社会主义文化发展"以人为本"的立场，邓小平指出，"我们的文艺属于人民"[①]，"人民是文艺工作者的母亲"[②]。人民的社会实践是一切进步的

---

① 《邓小平文选》第2卷，人民出版社1994年版，第209页。
② 同上书，第211页。

文艺工作者进行艺术创作的生命源泉，给一切文化创造提供最充足的养分，脱离了人民群众和人民的社会实践，文艺创作的生命力就必然会枯竭。因此社会主义文艺，要立足时代进步的发展趋势，以社会主义现代化建设的创业者为创作对象和素材，以反映真实社会生活和社会关系为创作内容，以激发人民社会主义建设热情和活力为目的，才能够创作出教育人民、为广大人民群众所喜爱的艺术精品。因此，文艺创作要始终把社会效益放在首位，以人民的根本利益和群众的现实文化需求为创作导向和原则，通过民族风格和时代特色的完美结合，使人民享受到进步、健康、向上的精神食粮。

第三，探索了提高劳动人民文化素质的现实途径。

对于文化事业在社会主义建设中的重要地位和作用，邓小平在第四届全国文代会的祝词中指出，文艺工作者和文化部门的职责和作用是十分重大的，人民精神生活的丰富、社会主义新人的培养和社会思想道德、文化水平的提升，都离不开文艺工作者和文化部门的努力。与此同时，在文化成果被创造出来之后，一个关键的因素就是广大人民要具有欣赏和享受文化成果的文化水平和文化层次。因此，如何提高广大劳动群众的文化素质是至关重要的。邓小平同志强调，我国社会主义现代化建设需要有文化的劳动者，所有的劳动者都需要有文化，并主要从以下几个方面进行了实践探索：一是要优先发展教育事业。通过普及教育，不断地提高广大劳动者的科学文化水平和素质。要加强各级各类学校的基础教育，重视各类职业教育，通过电视、广播、函授等先进教学手段，丰富职业教育的形式，使各类人群都有接受教育的机会和途径。二是注重文化公平。通过"文化扶贫工程"和"万里边疆文化长廊"等工程的实施和建设，帮助农民和少数民族提高科技文化水平，为农民和少数民族人民文化素质的提高创造条件。三是提倡开展多种形式的群众文化活动。通过倡导"五讲四美三热爱"活动、"青年文明工程"、"农民绿色证书工程"和"希望工程"等活动，寓教育于现实生活，对于提高劳动人民的文化素质，增强全民的社会文化与环境意识起到良好的推动作用。

（三）江泽民文化观中的"以人为本"思想

文化发展思想具有继承性和创新性的特点，在继承前人的基础上，江泽民结合中国特色社会主义建设的具体实际，对中国特色社会主义文化建设理论进行了科学、系统的阐述，推动了我国文化发展思想的理论创新，为21世纪我国文化建设和发展实践提供了可贵的思想资源。

第一，中国先进文化的价值取向是大众的文化。

人民群众是文化的创造主体，也是实现自身文化利益的根本力量。江泽民十分注重文化发展的人民性和大众性问题。他指出我国文化事业发展和文化市场繁荣的主题，就是要不断创作出符合人民利益和精神文化需求的精神产品。文艺工作者要树立正确的创作思想，只有深入群众和实际，才能够创作出为人民群众所喜爱的优秀作品。2001年，在庆祝中国共产党成立八十周年大会上的讲话中，江泽民指出要维护人民群众的经济利益、政治利益、文化利益，并突出强调要"使人人都有受教育的机会和享受文化成果的充分权利"。[①] 2002年党的十六大上，江泽民又进一步把"发展面向现代化、面向世界、面向未来的，民族的科学的大众的社会主义文化"概括为中国先进文化的基本特征和最主要内容。其中代表人民大众的文化发展方向是中国先进文化的基本价值取向，不断维护和实现人民群众的文化权益是中国先进文化的出发点和落脚点。这些思想是对毛泽东文化观和邓小平文化发展"三个面向"思想的继承和新的发展，指明了21世纪中国文化前进和发展的方向。

第二，中国特色社会主义文化的最终目标是实现人的全面发展。

人是社会发展的建设者和推动者，是物质成果和精神文化成果的创造者，同时人也应该是社会发展的享有者，人的全面发展是社会发展的目的和力量源泉。在21世纪，人的主体地位和作用日益突出，实现人的全面发展是时代进步和社会进步的重要标志。江泽民社会主义文化建设思想中的一个核心内容就是如何实现人民共享文化发展成果，切实维护人民的文化权益，促进人的全面发展。中国特色社会主义文化是人民共建共享的文化，人在文化建设过程中，通过主体的积极参与，能够不断激发人的创造精神和创造潜能，使人的全面发展获得了充分发展的实践土壤。同时随着中国特色社会主义文化事业的不断发展完善，能够给人提供更多、更高层次的文化享受，使人的全面发展获得了充分的现实

---

① 《江泽民文选》第3卷，人民出版社2006年版，第295页。

条件。这两个方面是一个相互促进、相互提高、永无止境的过程。因此，中国特色社会主义的文化只有依靠人的全面发展，才能不断发展繁荣，只有以实现人的全面发展为最终目标和宗旨，才能不断获得源源不断的力量源泉。

第三，推进人的全面发展的现实路径探索。

实现人的全面发展，不仅体现在人们物质生活的发展和提高，更体现于人们精神文化境界的提升。江泽民多次强调在坚持"双百"方针和"二为"方向的基础上，不断提高人的素质，这是中国特色社会主义文化建设的根本任务。围绕这一根本任务，要在中国特色社会主义建设的实践中弘扬主旋律的同时提倡多样化，大力倡导一切体现时代进步积极向上的精神和思想，使文化创作更加符合人民的利益和精神文化的多样化需求。要按照"以科学的理论武装人，以正确的舆论引导人，以高尚的精神塑造人，以优秀的作品鼓舞人"的"四以"方针，培养全面发展的社会主义新人。这些方针的提出，是江泽民对中国特色社会主义文化建设规律探索的重要贡献，对中国特色社会主义文化建设坚持"以人为本"的方向和宗旨具有长远的指导意义。在中国特色社会主义文化建设的实践中，科学和教育对于全面提升人的素质起着重要的推动作用。在这一认识的基础上，1995年党中央正式决定实施"科教兴国"的重大战略。江泽民强调指出，坚持教育为本，把科技和教育摆在经济、社会发展的重要位置，才能够提高全民族的科学文化素质，从而加速实现国家的繁荣强盛。科教兴国战略的形成和实施，进一步凸显了人的素质的提升在社会主义文化建设中的重要地位和作用，使促进人的全面发展上升到实践操作层面，标志着我们党对人的全面发展和社会发展关系问题的认识和处理进入了一个新的阶段。

（四）胡锦涛文化观中的"以人为本"思想

党的十六大以来，在总结历史经验的基础上，在建设中国特色社会主义文化新的实践中，遵循社会主义文化发展的规律，胡锦涛提出用以人为本为核心的科学发展观统领新时期社会主义文化建设，这进一步推动了中国特色社会主义文化理论和实践的创新，使中国特色社会主义文化建设在理论上有了新的突破，在实践中有了新的发展。

第一，文化发展的核心和主题——以人为本。

以人为本是科学发展观的核心，这一思想体现在社会主义文化建设中即是胡锦涛在中国文联第八次全国代表大会上所强调的，文艺工作要："源于人民、为了人民、属于人民"，① 做到社会主义文化发展为了人民、发展依靠人民、发展成果由人民共享。首先，社会主义文化建设和发展归根结底是为了不断丰富人民的精神文化生活，不断满足人民的精神文化生活需求。随着人民物质生活水平的不断提高，作为人类较高层次的需求，人民群众对文化需求的满足和发展提出了更多更高的要求。能否满足人民群众多方面、多层次、多样化的文化需求，更好地保障人民群众的文化权益，也成为判断社会进步和人的发展的重要标志。这就要求我国的社会主义文化建设要始终坚持为人民服务的方向，以文化发展为了人民为出发点和落脚点，文艺创作和发展要贴近实际、贴近生活、贴近群众，创造出真正能够鼓舞和教育人民的，展现人民群众现实生活的，为人民群众所喜爱的，真正属于人民的艺术精品。其次，社会主义文化建设和发展必须紧紧依靠人民，充分发挥人民在文化建设中的主体作用。人民群众的创造动力和创作智慧是文化发展的不竭动力，在文化建设中，激发广大人民群众的创造和参与的热情是文化的重要动力。要尊重劳动、尊重知识、尊重创造，营造良好的氛围，鼓励和倡导人民群众参与到社会主义文化大发展大繁荣的实践中，才能激发全社会的文化创造力，实现建设社会主义文化强国的目标。再次，社会主义文化建设和发展的成果要由人民共享。文化作为人的"有意识的生命活动"的直接产物，其首要功能就是满足人的需要，为人也就是文化创造者服务。作为文化创造的主体，人具有对文化创造成果享有的权利。2007 年胡锦涛在党的十七大上正式提出"人民共享文化发展成果"的命题，并在社会主义文化建设的实践中，通过建立完善的公共文化服务网络、加强农村文化建设、大力发展公益性文化事业等举措，使人民群众共享文化发展成果落到实处，从而践行了中国特色社会主义文化发展"以人为本"的核心和主题。

第二，文化发展的新思路——科学分类，全面发展。

2002 年党的十六大报告首次将文化建设分为公益性文化事业和经

---

① 《十六大以来重要文献选编》（下），中央文献出版社 2008 年版，第 755 页。

营性文化产业两部分，这是我们党对现阶段人民群众的两个层面精神文化需求做出正确判断后，对文化建设理论进行重大创新。当前，人民群众的文化需求从总体上讲，分为两个层面：一是基本文化需求；二是多样性、多层次、多方面的文化需求。只有这两方面的文化需求都能够得到较好的满足，才能真正实现文化的发展"以人为本"。因此，党的十六大以后在文化发展的思想路上，进行了科学分类，坚持文化事业和文化产业两手抓和两加强。胡锦涛同志在党的第十七大上指出，发展公益性文化事业是满足人民群众基本文化需求和保障人民基本文化权益的主要途径；发展文化产业是满足人民群众多样化精神文化需求的主要方法。通过发展公益性文化事业，建立健全公共文化服务体系，为人民群众提供基本的公共文化服务，保障人民收听收看广播电视、读书看报、进行公共文化鉴赏、参与大众文化活动等基本文化权益。通过发展经营性文化产业，构建现代文化产业体系、推进文化科技创新和扩大文化消费来实现广大人民群众多样性文化需求，从而推动文化生产力的快速发展。无论是发展公益性文化事业还是发展经营性文化产业，二者都是为了最大限度地满足人民群众日益增长的精神文化需要，都体现了中国特色社会主义文化坚持科学发展和"以人为本"的目的宗旨，二者统一于建设社会主义文化强国的总体奋斗目标之中。

第三，文化发展的新方法——统筹兼顾。

我国文化建设在取得诸多成绩的同时，仍然存在着一些突出的矛盾和问题。其中，城乡文化发展、区域文化发展不平衡等问题尤为突出。党的十六大以后，党中央坚持统筹兼顾的根本方法，以统筹城乡文化发展、区域文化发展等为重点，强调文化公平，协调各个方面，促进社会主义文化的全面、协调和可持续发展。首先，统筹城乡文化发展。针对农村文化特别是农村公共文化发展相对薄弱的现状，党中央在政策上和财力上高度重视和大力支持农村的文化建设，积极构建农村公共文化服务网络，以乡镇基层文化设施建设为基础，加强图书馆、博物馆、广播电视、互联网等公共文化设施建设，基本实现乡镇有综合文化站、行政村有文化活动室，完善公共文化设施网络布局。实施以城带乡机制，实现城市文化与农村文化的良性互动，逐步缩小城乡文化差距。其次，统筹区域文化发展。由于我国地域辽阔，不同区域不同的历史传统、文化背景和经济基础决定了我国文化发展中存在着区域发展的不平衡性。通过国家宏观调控等手段，不断加大对中西部地区的文化建设投入和支持，加强中西部地区公共文化服务的建设和完善的同时，积极发展中西部地区具有鲜明地域和民族特色的文化产业群，以增强自身文化发展的活力，形成东中西部互相促进的区域文化协调发展的格局。最后，统筹兼顾"两种属性"、"两个效益"的关系。正确认识文化产品的"两种属性"，把文化产品的意识形态属性和商品一般属性有机结合。正确认识文化产品的"两个效益"，坚持把文化产品的社会效益放在首位，做到经济效益与社会效益的有机统一，实现文化服务人、教育人和培养人的社会功能。通过以上统筹兼顾的思想，注重了对农民和中西部地区人民的文化权益和文化需求的保护和满足，体现了社会主义文化发展的公平性，体现了以胡锦涛同志为总书记的党中央对社会主义市场经济条件下文化发展坚持"以人为本"和坚持发展的协调性、公平性的高度自觉。

（五）习近平文化观中的"以人为本"思想

党的十八大以来，立足实现中华民族复兴中国梦的伟大实践，以习近平为代表的新一届中央领导集体，形成了以提升传统文化为基础、以培育中国文化为支撑、以创新文艺理论为目标的当代中国社会主义文化发展观，推动了对社会主义文化发展及其规律的真理性认识。

第一，坚持人民共建共享的中国特色社会主义文化发展道路，推动文化强国目标的实现。党的十七届六中全会指出："建设社会主义文化强国，就是要着力推动社会主义先进文化更加深入人心，推动社会主义精神文明和物质文明全面发展，不断开创全民族文化创造活力持续迸发、社会文化生活更加丰富多彩、人民基本文化权益得到更好保障、人民思想道德素质和科学文化素质全面提高的新局面，建设中华民族共有精神家园，为人类文明进步作出更大贡献。"推动文化强国目标的实现，需要立足中国历史文化传统，着眼于全面推进中国特色社会主义事业，坚持走中国特色社会主义文化发展道路。习近平指出："实现中国梦必须走中国道路。这就是中国特色社会主义道路。"中国特色社会主义文化发展道路是中国道路的重要内容，所谓中国特色社会主义文化发展道路，就是坚持文化发展为了人民、文化发展依靠人民、文化发展成果由人民共享。因为人民大众是精神文化的创造者，是建设中国特色社会主义文化的主体，所以牢固树立群众观点，充分尊重人民群众的主体地位和首创精神，以满足人民精神文化需求、促进人的全面发展为根本目的，坚持面向基层、面向群众，把满足人民基本文化需求作为社会主义文化建设的基本任务，推动文化发展成果更多、更公平地惠及全体人民，这是中国特色社会主义文化发展道路的本质特征，也是实现文化强国目标的内在要求。

第二，坚持以服务人民为方向的中国特色社会主义文艺观，推动文化事业蓬勃发展。推动社会主义文化大发展大繁荣，必须解决好"为了谁、依靠谁"的基本问题。2014 年 10 月 15 日，习近平在主持召开文艺工作座谈会上发表重要讲话，他指出：文艺要反映好人民心声，就要坚持为人民服务、为社会主义服务这个根本方向。文艺不能在市场经济大潮中迷失方向，不能在为什么人的问题上发生偏差，否则文艺就没有生命力。① 只有把人民放在心中最高位置，以服务人民为方向、以优秀作品为中心，文化事业才能蓬勃发展。社会主义文艺，从本质上讲，就是人民的文艺。这是党对文艺战线提出的一项基本要求，也是决定我国文艺事业前途命运的关键。要把满足人民精神文化需求作为文艺和文艺工作的出发点和落脚点，把人民作为文艺表现的主体，把人民作为文艺审美的鉴赏家和评判者，把为人民服务作为文艺工作者的天职。② 人民是文艺创作的源头活水，离开了服务人民，就会迷失前进的方向；离开了人民需求的导向，就会失去发展的动力与活力；离开了人民的支持与喜爱，就会失去生命力而无立身之本。

第三，坚持以社会效益为首位的中国特色社会主义文化发展的价值取向，推动文化发展成果人民共享。习近平强调指出："一部好的作品，应该是把社会效益放在首位，同时也应该是社会效益和经济效益相统一的作品。"③ 把社会效益放在首位，是由精神文化生产的特殊规律性所决定的。在分析资本主义条件下的非物质生产的问题上，马克思区

---

① 参见《习近平主持召开文艺工作座谈会强调：坚持以人民为中心的创作导向　创作更多无愧于时代的优秀作品》，《人民日报》2014 年 10 月 16 日第 1 版。

② 同上。

③ 同上。

分了两种情况：一种情况是，生产的结果是可以在生产和消费之间的一段时间内存在的产品，如书、画以及一切脱离艺术家的艺术活动而单独存在的艺术作品。"在这里，资本主义生产只是在很有限的规模上被应用"。另一种情况是，产品同生产行为不能分离，如一切表演艺术家、演说家、演员、教员、医生、教师等情况。"在这里，资本主义生产方式也只是在很小的范围内能够应用，并且就事物的本性来说，只能在某些领域中应用。"① 之所以如此，就在于精神文化生产本质上是真、善、美等文化价值的生产。这些文化价值在生产的结果上一方面是取得自己的物化形态如书、画等学术的或艺术的作品；另一方面是使消费者获得文化艺术的享受、教育和熏陶。在这两种情况下，作为商品交换的对象都不可能是真、善、美等文化价值本身，而只能是：（1）这些价值所凝结的物质承担物；（2）文化生产者为文化创造所必需的物质生活资料和生产过程中所消费的物质资料的商品价值。真正的文化价值本身无法定价，因而也无法作为商品来交换。所以，真正的精神文化生产不服从市场经济规律的原因就在这里。② 因此，在社会主义市场经济的发展背景下，"文艺不能当市场的奴隶，不要沾满了铜臭气。"③ 文化的发展必须始终坚持把社会效益首位，以创造贴近实际、贴近生活、贴近群众的优秀精神文化产品，来弘扬社会主义核心价值，来推动文化发展成果的人民共享，这是中国特色社会主义文化发展的内在规律，是社会主义市场经济条件下文化健康发展的基本指针。

---

① 《马克思恩格斯全集》第 26 卷（上册），人民出版社 1973 年版，第 442—443 页。

② 王征国：《论习近平的三维文化观》，《邵阳学院学报》2015 年第 1 期。

③ 《习近平主持召开文艺工作座谈会强调：坚持以人民为中心的创作导向　创作更多无愧于时代的优秀作品》，《人民日报》2014 年 10 月 16 日第 1 版。

第三章 文化发展成果共享思想的
科学内涵及现实意义

2007年党的十七大，首次明确提出文化发展成果由人民共享，进一步强调了人民的文化权利，扩大和细化了人民共享发展成果的范围，标志着党的"以人为本"的文化发展思想由理论落实到具体政策。当前，在建设社会主义文化强国的实践中，坚持人民共享文化发展成果，是尊重人民基本文化权利和实现文化公平的内在要求，是坚持中国特色社会主义文化发展道路的价值旨归。

第一节 文化发展成果共享的科学内涵①

在理论研究中，正确清晰地界定研究对象和研究命题的科学内涵是前提和基础。因此，在理论上厘清文化发展成果共享的主体、客体和主题等方面的科学内涵，是进一步深入展开其他相关问题研究的逻辑起点。

一 "文化发展成果共享"的主体——人民

马克思主义唯物史观认为，"人民"即人民群众，是指任何一个社会的全体基本群众。人民这个概念是一个历史范畴，正如毛泽东在《关于正确处理人民内部矛盾的问题》中指出的："人民这个概念在不

---

① 此部分已刊发在《中共南昌市委党校学报》2012年第5期，标题为《"文化发展成果由人民共享"理论命题的内涵及研究方法》。

同的国家和各个国家的不同历史时期，有着不同的内容。"① 人民的范畴是随着历史的发展而发展的，不同国家和各国不同历史时期，人民所包括的阶级、阶层和社会集团不同。中国共产党几代领导集体对人民的概念的认识有一个不断深化和发展的过程。在社会主义建设时期，毛泽东指出："一切赞成、拥护和参加社会主义建设事业的阶级、阶层和社会集团，都属于人民的范围"②，人民一般是指"工人、农民、知识分子以及广大劳动者"。十一届三中全会后，邓小平结合我国改革开放的实践，指出我国人民的主体范畴已经发展到一个新的历史发展阶段，人民的范畴已经发展成包括全体社会主义劳动者，拥护社会主义的爱国者和拥护祖国统一的爱国者在内的最广泛的政治联盟，这进一步丰富了"人民"的范畴。在发展社会主义市场经济的背景下，我国社会阶层、阶级和群体出现日益分化、多样化发展的趋势，市场经济转型过程中出现了若干新的社会阶层，面对这一新的变化，江泽民对"人民"的概念作了新的界定，第一次提出"有中国特色社会主义事业的建设者"的新概念，并在2002年党的十六大报告中，将个体户、私营企业主、民营科技企业的创业人员和技术人员、受聘于外资企业的管理技术人员、中介组织的从业人员、自由职业者这六种新型从业人员都纳入中国特色社会主义事业建设者行列。这一新的概括进一步丰富和发展了人民的范畴，"最广大人民"应该包括工人、农民、知识分子、干部、解放军指战员以及六种新型从业人员在内的综合体。在全面建设小康社会的新时期，胡锦涛在"以人为本"思想阐述中对人民的概念作了新的丰富和发展。胡锦涛指出，"以人为本"的"人"首先是指最广大人民群众，在当代中国就是以工人、农民、知识分子等劳动者为主体，包括社会各阶层在内的最广大人民群众。同时"以人为本"的"人"又指"全体社会成员"，强调以"全体社会成员"和"每个人"的利益为本，这使"人民"的内涵更深刻，外延更宽泛。通过以上分析可见，我们党对于人民的概念和范畴的界定是不断深化和扩展的，在"文化成果共享"命题中，共享的主体"人民"应该是包括各阶层在内的全

---

① 《毛泽东文集》第7卷，人民出版社1999年版，第205页。
② 同上。

体人民，这里强调普惠性，即全体社会成员应当能够平等地享有文化发展的成果，实现人人共享、普遍受益。即使是绝大部分人受益、很少一部分人受损，也不能算是真正的人民共享。由于在市场经济竞争中存在的马太效应，社会中总是存在着脆弱的群体，他们作为社会中的一员，都应该享受社会总体发展带来的利益。因此文化发展成果共享，尤其应该强调低收入群体、困难群众和病老伤残群体等社会弱势群体能够共享文化发展成果，社会有责任给予他们特别的关注，努力满足他们精神文化的基本需求，保障他们共享文化发展成果的权利，这是实现社会主义公平正义的必然要求。

二　"文化发展成果共享"的客体——文化发展成果

在"文化发展成果共享"命题中，共享的客体和内容是文化发展成果。而要探究文化发展成果的具体内容，则首先要界定"文化"和"文化发展"的内涵。关于文化的内涵，几百年来研究者们始终没有形成一个统一而确定的定义。在我国古代，"文化"一词最古老的含义，主要是指文治教化，礼乐典章。《周易》中的"观乎人文，以察时变；观乎人文；以化成天下"①，是最早有关"文化"词意的用语。在西方，英语中的 culture，法语中的 kultur 均来自拉丁语 cultur，原意是耕种、培养。近代以来，西方最早把文化作为专门术语来使用的是英国文化人类学家爱德华·泰勒（E. B. Tylor，1832—1917），他在 1817 年发表的《原始文化》一书给文化作了经典性的定义："文化或文明，就其广泛的民族学意义来说，是包括知识、信仰、艺术、道德、法律、风俗，以及作为社会成员的个人而获得的任何能力和习惯。"②泰勒将文化看成是一个复杂整体的基本范畴，这是大文化的范畴即属于广义的文化概念。在当代中国，1987 年出版的《中国大百科全书·哲学卷》和 1999年出版的《辞海》对文化的解释则反映了我国学术界当前对"文化"这一概念的普遍看法。其中指出，文化是人类在社会实践过程中所获得

---

① 《周礼正义》卷 3，见（清）阮元校刻：《十三经注疏》（上册），中华书局 1980 年影印本，第 37 页。

② ［英］爱德华·泰勒：《原始文化》，连树声译，上海文艺出版社 1992 年版，第 1 页。

的能力和创造的成果，广义的文化包括人类物质生产和精神生产的能力，物质和精神的全部产品；狭义的文化指精神生产的能力和精神产品，包括一切社会意识形式，有时专指教育、科学、艺术、卫生和体育等方面的知识和设施。因此，当前学术界对于文化定义的分类基本形成了共识，即文化的内涵大体可以分为广义和狭义两个方面。广义的文化即"人化"，是人类在与自然发生关系时各种文明成果的总和，也是人类自身相互发生关系时各种文明成果的总和，包括人类物质生产和精神生产能力及创造的全部成果。狭义的文化指人类精神生产能力和精神产品，包括一切社会意识形态，即观念形态的文化。正如毛泽东所指出的文化概念，"一定的文化（当作观念形态的文化）是一定社会的政治和经济的反映，又给予伟大影响和作用于一定的政治和经济"。① 在某种语境下，文化又专指与经济、政治、科技、卫生和教育相区别的，作为精神文明的一种形式而存在的文化，这是更为狭义的文化。

所谓文化发展是指文化在社会变迁过程中，符合时代要求的新文化特质不断产生、文化结构日益优化、文化功能日趋完善的一种趋势和过程。② 因此，文化发展其实就是文化进步，是先进文化产生和成长的过程，也是先进文化战胜落后文化的过程。在当代中国，先进文化就是中国特色社会主义文化，专指精神生活的积极方面，与"社会主义精神文明"通常同义。正如江泽民在十五大报告中所指出的："有中国特色社会主义文化，就其主要内容来说，同改革开放以来我们一贯倡导的社会主义精神文明是一致的。文化是相对于经济、政治而言。精神文明是相对于物质文明而言。"③ 关于精神文明建设的内容，1980 年 12 月邓小平在中央工作会议讲话中，首次把精神文明建设的内容概括为科学文化建设和思想道德建设两个基本方面，他说："所谓精神文明，不但是指教育、科学、文化（这是完全必要的），而且是指共产主义思想、理想、信念、道德、纪律、革命的立场和原则，人与人的同志式关系，等

---

① 《毛泽东选集》第 2 卷，人民出版社 1991 年版，第 663—664 页。

② 黄楠森等主编：《有中国特色社会主义文化研究》，山东人民出版社 1999 年版，第 70—71 页。

③ 《江泽民文选》第 2 卷，人民出版社 2006 年版，第 32—33 页。

等。"① 因此本书中社会主义"文化发展成果"中的"文化"是指观念形态的狭义文化，是作为精神文明的一种形式而存在的文化，专指与经济、政治、科技、卫生和教育相区别的文化艺术、新闻出版、广播影视以及图书馆、博物馆、文化馆、艺术馆等文化事业和相关的群众文化活动。将"文化"的内涵限定在这个范围内，是从我国对"文化发展成果共享"涵盖范围的规定出发，文化发展成果的共享，指全体人民对社会主义文化发展成果的公平分享，这里主要强调的是每个社会成员的基本文化需求的满足和基本文化权益的保障。2007 年中共中央办公厅、国务院办公厅《关于加强公共文化服务体系建设的若干意见》，从加强公共文化服务体系建设角度，把现阶段我国人民基本文化权益主要归结为看电视、听广播、读书看报、进行公共文化鉴赏、参加大众文化活动等方面。2010 年李长春在《正确认识和处理文化建设发展中的若干重大关系，努力探索中国特色社会主义文化发展道路》的讲话中指出，要明确文化建设的基本思路，对我国文化建设中政府职责和市场功能进行科学定位，就必须正确区分现阶段人民群众的两种文化需求并处理好二者的关系。"从总体上看，人民群众的文化需求可以分为两部分，一部分是体现人民群众文化权益的基本文化需求，另一部分是多样化、多层次、多方面的文化需求。现阶段，我们界定的基本文化需求主要包括读书看报、听广播看电视、进行公共文化鉴赏、参加公共文化活动等。在农村，考虑到过去的传统，每个月为农民免费放映一场电影也属于这个范畴。"② 以上论述规定了人民享受文化成果的基本方式，即看电视、听广播、读书看报和公共文化鉴赏等，而大众文化活动则是人民群众参与文化创造活动的主要载体。因此，社会主义文化发展成果共享强调的主要是人民群众的基本文化权益的保障和公益性文化事业的发展繁荣，涉及的仅是狭义上的"文化"，所以其含义更为窄小。本书即是以这个层面上的"文化"为基点，具体阐释社会主义文化发展成果共享的相关问题。

通过以上分析可见，社会主义文化发展成果共享的具体内容至少要

---

① 《邓小平文选》第 2 卷，人民出版社 1994 年版，第 367 页。
② 《十七大以来重要文献选编》（中），中央文献出版社 2011 年版，第 765 页。

包括两个大的方面：一是满足人民群众基本文化需求的各项公益性文化事业发展的成果；二是满足人民群众基本文化需求的多种形式的群众公共文化娱乐活动。这里可以进一步引申出，人民群众在共享文化发展成果中所具有的两个方面文化权利：一是人民群众具有公平分配和享受各项公益性文化事业发展成果的权利；二是人民群众具有平等参与各项社会公共文化活动的权利。

三 "文化发展成果共享"的主题——共享

对于文化的内涵和本质，马克思主义的基本观点是，文化是劳动的创造物，文化发展的最根本动因，在于人类实践活动的发展。人类创造了文化，也享受着文化，人类既是文化的创造者和继承者，又是文化的享受者和改造者。因此从本质上讲，文化是被特定的群体所共有和共享。正如美国人类学家林顿所说，文化是"特定社会成员们共有的、传承的知识、态度和习惯行为类型的总和"①。美国文化学家格特鲁德·杰埃格和菲利普·塞尔斯尼克也强调："尽管文化植根于个人的需要和现实当中，但它不是一种个人的东西，应该将其视为全人类共同具有的或广泛见于人群的共同现象。"② 美国文化人类学家克鲁克洪和凯利更进一步指出："文化具有为整个群体共享的倾向，或是在一定时期中为群体的特定部分所共享。"③ 这些观点都说明了文化的共有性和共享性。文化的传播性、扩散性和继承性，使文化具有为一个群体、一个社会乃至全人类所共享的特性。社会主义文化发展成果共享，不仅是文化本身具有共享性的体现，也是社会主义文化发展坚持公正性和平等性的内在要求。

首先，共享是一种权利。享受文化发展成果是公民文化权利的重要内容之一。人类第一次以宣言的形式对人的文化权利作出界定是1948年联合国颁布的《世界人权宣言》，其规定："人人有权自由参加社会的文化生活，享受艺术，并分享科学进步及其产生的福利"。1966

① 转引自周蔚等《人类文化启示录》，学林出版社1999年版，第5页。

② ［美］克莱德·克鲁克洪等：《文化与个人》，浙江人民出版社1986年版，第61页。

③ 转引自［美］克莱德·克鲁克洪、W. H. 凯利《文化的概念》，载拉尔夫林顿编《世界危机中人的科学》，哥伦比亚大学出版社1945年版，第78—107页。

年第21届联合国大会又通过了《经济、社会和文化权利国际公约》，在世界范围内以法律的形式确立了公民的文化权利，其中享受文化成果的权利是公民文化权利中最具普遍性的基本文化权利。文化权利的核心是公平性，即人人都拥有平等享受文化资源的机会和权利。在社会主义条件下，人民是国家是主人，是文化创造的主体，社会主义文化发展成果的分享应该不受性别、种族、身份、阶层等因素的影响，实现文化发展成果由人民公平分享，每个人的基本文化权益和特有的文化需求都能得到保障和满足，这是社会主义国家公民文化权利的最基本内容。

其次，共享具有全民性和普惠性。文化发展成果共享的主体应该是全体社会成员，全体社会成员应当能够平等地享有社会文化发展的成果，实现人人共享、普遍受益。文化具有继承性，社会主义文化成果是对几千年中国优秀传统文化的继承与发展。因此，社会主义文化首先是中华优秀文化，社会主义文化成果属于全体中华儿女。正如著名国学大师梁漱溟所指出的："我相信全部中国文化是一个整体（至少其各部门各方面相连贯），它为中国人所享用，亦出于中国人之创造，复转而陶铸了中国人。"① 在社会主义文化建设实践之中，全体社会成员通过积极参与，发挥聪明才智，创造了辉煌灿烂的社会主义文化。同时社会主义文化发展繁荣的成果理应在全体社会成员之间平等分享。这里的全民性和普惠性尤其强调社会要充分保障处在弱势地位的成员能够和其他社会成员一起平等地享有文化发展成果。对于低收入群体、困难群体、病老伤残群体等社会的弱势群体，社会有责任给予他们特别的关注，努力满足他们精神文化的基本需求，保障他们共享文化发展成果的权利。

再次，共享是一种公平分享。共享具有历史性，受到社会历史条件的制约。在社会主义初级阶段和社会主义市场经济条件下，共享的前提是承认社会成员之间合理差距的存在。由于每个社会成员在机会、能力和对社会所作的贡献等方面都不尽相同，他们在共享文化发展的成果时，就必然会存在一定的差距。因此共享不是"平均享有"，而是在承认合理差别的基础上的公平分享。公平享有首先强调公平的权利和机会，即全体社会成员必须公平、平等地享有参与社会主义精神文化活动

---

① 梁漱溟：《中国文化要义》，上海人民出版社2011年版。

的权利和机会。在现阶段，全体社会成员共享文化发展成果的主要途径就是积极发展公益性文化事业，完善公共文化服务，使全体社会成员的基本文化权益得到有效的保障，基本文化需求得到切实满足。

最后，共享是共建基础上的共享。劳动创造价值和财富，并具有群体性的特征。马克思通过对费尔巴哈等人对劳动的孤立、片面的理解的批判，指出劳动是一种社会性的、集体活动，"孤立的劳动（假定它的物质条件是具备的）虽然能创造使用价值，但它既不能创造财富，也不能创造文化。"① 这一思想从劳动的群体性角度指出了文化成果共享的前提是以劳动为基础的共建，是全体社会成员的积极参与。当前在我国社会主义初级阶段，社会生产力总体水平还不高，并且发展很不平衡，而人民群众的物质文化需求又在不断扩大和多样化的发展，正如马克思所指出的："人以其需要的无限性和广泛性区别于其他一切动物"。② "人们所达到的生产力总和决定着社会状况"③，解决社会生产力落后与人民的物质文化需求这一基本矛盾的前提基础仍然是生产和劳动。因为"消费资料的任何一种分配，都不过是生产条件本身分配的结果。"④ 只有每个社会成员积极参与社会主义文化建设，履行相应的社会责任和义务，创造出尽可能多的、高质量和高层次的文化成果，才能更好地实现和满足每个社会成员的基本文化需求和多样化的文化需要。否则，不以共建为基础的共享，只能是"无源之水"，成为不切实际的幻想。

第二节　文化发展成果共享的现实意义

中国特色社会主义文化是科学发展观指导下的以人为本的社会主义文化。在文化发展目的上强调文化发展为了人民，在文化发展动力上，强调文化发展依靠人民，在文化发展成果分配上，强调文化发展成果人民共享。坚持文化发展成果由人民共享，体现在不断满足人民的精神文

---

① 《马克思恩格斯选集》第 3 卷，人民出版社 1995 年版，第 300 页。
② 《马克思恩格斯全集》第 49 卷，人民出版社 1982 年版，第 130 页。
③ 《马克思恩格斯选集》第 1 卷，人民出版社 1995 年版，第 80 页。
④ 《马克思恩格斯选集》第 3 卷，人民出版社 1995 年版，第 306 页。

化需求上，体现在不断提高人民的思想道德素质和科学文化素质上，体现在充分保障人民享有的基本文化权益上。实现文化发展成果共享是社会主义公平正义的内在要求，是"以人为本"现代发展观的题中之义，是保障人民基本文化权益的根本体现，对于坚持中国特色社会主义文化发展道路，建设社会主义文化强国具有重大而现实的意义。

一　文化发展成果共享是社会主义公平正义的内在要求

公平正义思想是建构理想社会的基本价值取向和原则，在人类社会发展演进中起着重要作用，"正义是社会制度的首要价值，正像真理是思想体系的首要价值一样。"① 因此，古往今来的思想家们都在孜孜探求公正的真义和建立一种公正的理想社会。在中国古代社会，在我国传统文化思想中就蕴含着丰富的公平正义思想。先秦的公正思想主要以"仁、义、礼"等概念形式表现。儒家从"仁"道出发，主张人与人互敬互爱，认为"仁"是一种思想境界，做到"仁"就能够公正。孔子给出"仁"的定义是，"夫仁者，己欲立而立人，己欲达而达人。"②孟子也指出："仁，人之安宅也；义，人之正路也。"③ 人如果不公正，犹如不走正路，是一件悲哀的事情。而"周礼"就是"仁"的体现，就是最公正的，孔子认为"君君臣臣父父子子"，"克己复礼为仁"。④宋明理学家进而认为"合理"就是公正，"理"是公正的表现形式。要做到合"理"，要"为君尽君道，为臣尽臣道，过此则无理。"⑤ 一个国家要安定，君王的行为一定要公正合"理"，"凡君之所安者，何也？以其行理也。"⑥ 虽然上述中国古代的公正思想均与封建伦理道德观念相结合，为维护封建统治阶级的统治辩护，但其蕴含了最原始朴素的公正思想。在西方，公正作为一种政治原则和伦理规范的，从古希腊时期开始，就占据了政治、伦理生活的中心位置。苏格拉底一生都在探讨公

---

① ［美］约翰·罗尔斯：《正义论》，中国社会科学出版社1988年版，第3页。

② 雅瑟主编：《论语》《雍也》，新世界出版社2010年版，第105页。

③ 陈渔、郑义主编：《孟子》《离娄》，吉林人民出版社2007年版。

④ 《论语·颜渊》，南怀瑾：《论语白语》（下），复旦大学出版社1990年版，第531页。

⑤ 《河南程氏遗书》卷五，《论宋明理学——宋明理学讨论会论文集》，浙江人民出版社1983年版，第1页。

⑥ 同上。

正问题，他认为公正如同美德一样，是智慧的一部分，公正的行为和一切以美德为基础的行为都是美的和好的。知识即美德，正义作为一种美德也源于知识和智慧。柏拉图认为，美德就是和谐，而和谐的首要条件和首要因素就是正义。他认为正义是心灵的德行，不正义是心灵的邪恶。亚里士多德把公正看作是各种德行的总汇、总称，认为各种德行都可以囊括于公正范畴之中。近代以来，英国哲学家、政治学家托马斯·霍布斯认为，在自然法的启示作用下，人们制定了体现正义、公正，有利于和平的社会契约。社会契约就是正义、公道，遵守社会契约，依据社会契约保障人们的财产权就是正义、公道。卢梭以自然法理论作为自己学说的出发点，论证了社会不平等的起源及契约在国家起源上的作用。他把社会不平等的起源和发展归纳为三个先后相继的阶段，即出现了私有制、契约的签订和国家的建立、合法的权利变成了专制的权力，并把专制和暴政的出现看作是人类社会不平等的顶点。在现当代的公正思想中，最具代表性的是罗尔斯在《正义论》中提出的社会公正的两大正义原则：一是平等原则，即每个人都应享有平等的自由权利；二是差别原则，即如果不得不产生某种不平等，这种不平等应该有利于境遇最差的人们的最大利益。以上中外思想理论家的对于公正思想的论述，说明实现社会公平正义一直是人类对于理想社会的美好向往，是社会进步的重要标志，是社会制度的首要价值。

　　马克思指出："人的本质不是单个人所固有的抽象物，在其现实性上，它是一切社会关系的总和。"[1] 在文明状态中，任何一个人生活所依赖的物质文化条件都不是他自己创造的，而是世代更替的人类共同创造的。社会的发展是人类共同创造的，也应该是人类共同享有的。社会不是一个个孤立的个人组成的，科学社会主义强调实现全人类的真正社会平等，每个人都能够自由全面发展，成为自己的主人，实现利益和价值的全人类共享。社会主义制度是人类社会发展进步的必然趋势和必然选择，相对于资本主义制度，社会主义制度体现着诸多优越性。而社会主义最大的优越性之一就是"社会主义的特点不是穷，而是富，但这

---

[1] 《马克思恩格斯选集》第 1 卷，人民出版社 1995 年版，第 60 页。

种富是人民共同富裕。"① "社会主义的本质，是解放生产力，发展生产力，消灭剥削，消除两极分化，最终达到共同富裕。"② 坚持共同富裕，就是要求社会发展的成果能够为全体人民共享，其中也内在地包括文化发展成果的共享，这是社会主义制度公正的内在要求。"贫穷不是社会主义。一部分人富起来、一部分人长期贫困，也不是社会主义。"③ 不解决公正问题，不谋求人民共享文化发展成果，不保障人民的基本文化权益，社会主义制度的公正原则无法真正体现，社会主义制度的优越性就会日益丧失，社会主义制度的存在就是失去其应用的价值和意义。因此，在发展的基础上，实现人民共享文化发展成果是社会主义制度公平正义的内在要求和必然选择。

二　文化发展成果共享是"以人为本"现代发展观的题中之义

对于人类社会的发展目的、方向、宗旨以及人类社会应该遵循怎样的发展理念向前发展等问题，经历了一个由"经济增长至上"到"人的自由发展"的演变过程。现代发展观始于 20 世纪 40 年代，由政治学家提出来的，由法兰克福学派形成的"工业文明观"。其以"物"为中心，强调一个国家或地区经济总量的增长，即把国民生产总值及人均 GDP 的增长作为评判发展的主要标准，把发展归结为物质财富的积累。这种"发展＝经济增长"的理念，使二战后一些发展中国家 GDP 增长的同时出现分配不公和政治动荡等问题，出现了"无发展的增长"现象。1969 年至 1973 年由罗马俱乐部的未来学派提出了"增长极限论"，他们批判了以经济为中心，认为生态快到极限了，提出"经济＋自然＝发展"的思想。后来联合国环境与发展委员会发表了《我们共同的未来》的报告，首次提出了"可持续的发展观"。从 20 世纪 80 年代开始人们在经济社会实践中把观察发展的视角从"物"转向"人"。1983 年联合国出版了法国经济学家佩鲁的《新发展观》一书，此书阐述了新的发展理论即"整体的"、"综合的"、"以人为本"的发展观。

① 《邓小平文选》第 3 卷，人民出版社 1993 年版，第 265 页。
② 同上书，第 373 页。
③ 《江泽民文选》第 1 卷，人民出版社 2006 年版，第 549 页。

社会发展模式要有一个整体的观点，既要考虑作为整体的社会，又要看到人们相互依存关系中出现的多样性。这进而强调了人的发展重于物的发展，要更加重视满足人的需求和促进人的自由发展。1995 年联合国社会发展世界首脑会议在哥本哈根召开，会议通过《宣言》的内容是："创造一个能够使人民实现全面发展的经济、社会、文化和法律环境；达到消灭贫困的目标；……促进和实现人人平等享有良好教育、人人享有基本保健服务的目标……"这是"以人为中心"、发展的最终目标是全体人民的新发展观的核心内容。通过以上对于现代发展理念与实践的历史回顾可见，"以人为本"已经成为世界各国公认的符合人类社会发展方向和目的重要发展理念，是现代发展观的核心内容。

马克思指出："任何一种解放都是把人的世界和人的关系还给人自己。"[1] 社会发展基本宗旨应该是以绝大多数社会成员的利益为基本着眼点，人人共享、普遍受益是社会发展的终极目标。从社会的形成和发展来看，"全部人类历史的第一个前提无疑是有生命的个人的存在"，[2] 每个个体人的存在及其对社会的贡献是人类社会存在和发展的前提和基础。以人为本作为社会主义社会发展的根本价值追求和衡量一切社会发展活动的终极标准，首先体现在承认具体社会成员实际贡献存在差异的同时强调所有社会成员普遍享受社会的发展成果。要让全体社会成员在社会发展进程中共享成果，从而使社会发展、社会的现代化成为全体社会成员的发展或现代化。如果社会发展不能使广大群众广泛参与并公平分享成果，社会发展进程就会脱离其发展的历史轨迹。当前，在我国改革发展的实践中，由于发展差距不断拉大，出现了社会弱势群体，产生了社会排斥现象。弱势群体由于某些方面的劣势而在某种程度上被社会所排斥，而社会的这些排斥行为又使这些弱势群体产生更大的劣势，进而使其被社会在更大程度上排斥，造成劣势和排斥的恶性循环。[3] 因此，一个社会是否实现了真正意义上的共享，其衡量的一个重要标准是看社会弱势群体的共享成果权利是否得到保障和尊重，这是发展成果共

---

① 《马克思恩格斯全集》第 3 卷，人民出版社 2002 年版，第 189 页。
② 《马克思恩格斯选集》第 1 卷，人民出版社 1995 年版，第 67 页。
③ 张贤明、邵薪运：《改革发展成果共享与政府责任》，《政治学研究》2010 年第 6 期。

享的要义之所在。文化发展成果共享的提出，强调在文化发展成果的分配上，坚持发展成果由人民共享，通过发展公益性文化事业，建立完善的公共文化服务体系，保障人民群众的基本文化权益；通过统筹城乡、区域文化发展及文化资源分配，缩小文化发展差距，充分保障落后地区人民的精神文化需求，实现文化公平。这是社会主义文化在发展目的、方向和宗旨上坚持"以人为本"的重要体现，是"以人为本"社会主义文化发展理念的核心内容。

三　文化发展成果共享是保障人民基本文化权益的根本体现

作为人权的重要组成部分和重要内容，文化权益是指在一定社会历史条件下，每个人在文化创造实践中，享有的满足精神文化需求、获得文化利益的权利。1948年联合国《世界人权宣言》对于文化权益的法律保护方面规定，"人人有权自由参加社会的文化生活，享受艺术，并分享科学进步及其产生的福利"，"人人对由于他所创作的任何科学、文学或美术作品而产生的精神的和物质的利益，有享受保护的权利"。1966年第21届联合国大会又通过了《经济、社会和文化权利国际公约》，其中第15条规定，本公约缔约各国承认人人有权：（1）参与文化生活；（2）享受科学进步及其应用产生的利益；（3）对其本人的任何科学、文学或艺术作品所产生的精神上和物质上的利益，享受被保护的权利。以上规定在世界范围内以法律的形式确立了公民的文化权益是与经济权益、政治权益相并列的人的基本权益，属于人权范畴。公民的文化权益所涵盖的内容和涉及的范围是十分广泛和复杂的，它贯穿于人们的日常生活，直接关系到每个公民的生存和发展。综合起来文化权益主要包括以下几个方面：一是享受文化成果的权益，它强调的是文化权益的普遍性，是公民文化权益得以实现的最基本内容。随着经济的快速发展，公民对自身文化需求的满足也在不断地提升。因此，如何生产创造更多的优质文化产品和文化服务，创造更良好的文化享受的条件，使全社会的每一个公民不分年龄、民族、性别都能够公平分享文化成果，不断满足公民日益增长的多样化的精神文化需求，已经成为各国文化发展尤其是公共文化事业发展的中心任务。政府应在加强文化基础设施建设的同时，增强多种多样文化产品的生产与供应能力，这是保障每一个公民都能够分享文化成果的合法权益的基础。二是参与文化活动和开展文化创造的权益，它强调的是文化权益的主体性，是公民文化权益得以实现的重要内容。现代社会文化发展需要广泛的群众基础，公民的积极参与以及自主地开展文化创造活动，这是文化发展和繁荣的力量源泉。通过开展多样化和多层次的文化活动，积极营造自由的文化参与和创造的空间与机制，激发群众文化参与和创造的热情和潜能，使广大人民群众能够在丰富的文化实践中发展自我，能够在生动的文化实践中实现自身的文化参与权与创造权。三是文化的创造成果有受保护的权益，它强调的是文化权益的受保护性，是公民文化权益得以实现的重要体现。公民在文化参与和文化创造中所形成的文化成果，要受到社会的认可和法律的保障，体现了社会对于公民文化权益的尊重和保护，这是公民文化权益最终得以实现的重要体现。

马克思早在《1844年经济学哲学手稿》中，就从社会有机体各个要素是相互关联的内在系统的思想出发，提出了社会生产是全面的生产的理论，其中精神生产和再生产是社会生产的重要内容，是社会有机体存在和发展的重要条件。人作为社会精神生产的主体，理应享有与在物质生产领域所享有的经济权益相对应的文化权益。关于文化权益的论述，马克思在《〈黑格尔法哲学批判〉导言》中，指出德国工人阶级争取经济权益和精神文化权益是获得彻底的革命和普遍的人的解放的重要先决条件。马克思用"既有钱又有文化知识"来表述人的经济权益和文化权益，他指出："对德国来说，彻底的革命、普遍的人的解放，不是乌托邦式的梦想，相反，局部的纯政治的革命，毫不触犯大厦支柱的革命，才是乌托邦式的梦想。"① 局部的纯政治的革命的基础是什么呢？就是市民社会的一部分解放自己，取得普遍统治，就是一定的阶级从自己的特殊地位出发，从事社会的普遍解放。只有在这样的前提下，即整个社会都处于这个阶级的地位，也就是说，例如既有钱又有文化知识，或者可以随意获得它们，这个阶级才能解放整个社会。这里"有钱"指的是德国工人阶级通过获得的政治地位去获取生产资料，以实现经济权益；"有文化知识"指的是德国工人阶级在实现经济权益的基础上进

―――――――――

① 《马克思恩格斯选集》第1卷，人民出版社1995年版，第14页。

一步拥有文化权益。马克思的这一论述，形象地表达了工人阶级获得经济权益和获得文化权益是同等重要的，只有二者得到切实的获得和保障，工人阶级才能够解放自己，解放整个社会。文化权益的核心是公平性，即不分性别、种族、身份和阶层，每个社会成员都拥有平等享受文化资源的机会和权利，每个人都能够平等分享文化发展成果。在现阶段，我国文化不公平主要表现在地区之间、城乡之间和阶层之间的文化发展差距，没有能够共享文化发展成果。我国政府分别于 1997 年和 1998 年签署了《经济、社会和文化权利国际公约》和《公民权利和政治权利国际公约》，这表明了党和政府对公民的文化权益的重视和保障。党的十六大以来，以人为本的科学发展观的树立，更加强调社会和谐，在保障人民的文化权益和实现人民共享文化发展成果方面进行了深入的探索和实践。党的十六大把"人民的政治、经济和文化权益得到切实尊重和保障"作为全面建设小康社会的目标之一；《国家"十一五"时期文化发展规划纲要》把"坚持以人为本，保障和实现人民群众的基本文化权益，使广大人民群众共享文化发展成果"作为我国"十一五"时期文化发展要坚持的方针原则之一；党的十七大提出使人民基本文化权益得到更好保障，使社会文化生活更加丰富多彩，以提高国家文化软实力，并首次正式提出"人民共享文化发展成果"的命题；党的十七届六中全会，通过了《中共中央关于深化文化体制改革推动社会主义文化大发展大繁荣若干重大问题的决定》，界定了人民基本文化权益的内涵，并指出加强公共文化服务是实现人民基本文化权益的主要途径，提出："要以公共财政为支撑，以公益性文化单位为骨干，以全体人民为服务对象，以保障人民群众看电视、听广播、读书看报、进行公共文化鉴赏、参与公共文化活动等基本文化权益为主要内容，完善覆盖城乡、结构合理、功能健全、实用高效的公共文化服务体系。"①从上述论述中可以看出，现阶段我国人民"基本文化权益"的含义主要包括看电视、听广播、读书看报、进行公共文化鉴赏、参加公共文化活动等方面，其中，看电视、听广播、读书看报和公共文化鉴赏等是现

---

①　《中共中央关于深化文化体制改革推动社会主义文化大发展大繁荣若干重大问题的决定》，人民出版社 2011 年版，第 23—24 页。

代社会人们享受文化成果的基本方式，大众文化活动则是人民群众参与文化创造活动的主要载体。这些基本文化权益的实现和保障，需要政府通过大力发公益性文化事业，将公共文化产品和服务免费或优惠提供给人民。以上论述体现了我们党在尊重和保障人民基本文化权益方面理论和实践上的探索，实现人民共享文化发展成果，是保障人民基本文化权益的根本体现。

第四章　我国文化发展成果共享的现状、问题及制约因素分析

改革开放 30 多年来，我国文化建设取得了辉煌的成绩，人民精神文化生活不断丰富，人民的精神文化素质不断提高。但受到传统文化、行政体制、财政体制、社会结构和政府职能等因素的影响，在我国文化发展成果共享的实现进程中，仍然面临着诸多挑战。

第一节　我国文化发展成果共享的现状和问题

在我国文化发展成果分享的实践中，公共文化服务不健全，公共文化服务体系建设相对薄弱，城乡、区域之间文化发展成果分享不平衡，阶层之间文化发展成果分享存在较大差距等问题，是我国文化发展成果分享呈现非均衡态势的集中体现。

一　公共文化服务体系的建设和发展相对薄弱

满足人民基本文化需求是社会主义文化建设的基本任务，加强公共文化服务是实现人民基本文化权益的主要途径。所谓公共文化服务体系，是以保障人民群众基本文化权益、满足人民群众基本文化需求为目的，以政府为主导，以公共财政为支撑，以公益性文化单位为骨干，向全社会提供的公共文化设施、产品、服务及制度体系的总称。① 我们党

---

① 杨志今：《认真贯彻落实党的十七届六中全会精神　加快构建中国特色公共文化服务体系》，载于群、李国新主编《中国公共文化服务发展报告（2012）》，社会科学文献出版社 2012 年版，第 5 页。

提出的构建公共文化服务体系战略经历了一个发展丰富的过程。2002年党的十六大以后，我们正确区分了公益性文化事业和经营性文化产业，从而确立了了"两手抓，两加强"的发展思路。在这一思路指导下，为适应发展公益性文化事业和建设服务型政府的需要，2005年10月，党的十六届五中全会第一次把公共文化服务体系建设列入党和国家科学发展的大局，正式提出要"加大政府对文化事业的投入，逐步形成覆盖全社会的比较完备的公共文化服务体系"。2006年9月，国务院办公厅印发的《国家"十一五"时期文化发展规划纲要》，首次明确阐述了"公共文化服务"的概念、重要地位和普遍均等原则。2007年8月，中共中央办公厅、国务院办公厅出台了《关于加强公共文化服务体系建设的若干意见》，对我国公共文化服务体系建设的目标任务、基本原则和政策措施等作出了全面阐释。党的十七大从实现全面建设小康社会目标的高度出发，把"建设覆盖全社会的公共文化服务体系"作为全面小康社会的重要目标之一。2011年党的十七届六中全会又从建设社会主义文化强国的高度对公共文化服务体系的构建提出了新要求，提出"到2020年，文化事业全面繁荣，覆盖全社会的公共文化服务体系基本建立，努力实现基本公共文化服务均等化"。[①] 构建公共文化服务体系是尊重和保障公民基本文化权益，发展文化民生的现实要求，为正确定位政府的文化职能，坚持中国特色社会主义文化发展道路指明了方向。而后，党的十八大报告《坚定不移沿着中国特色社会主义道路前进　为全面建成小康社会而奋斗》指出，文化软实力显著增强是十八大基于十六大、十七大确立的全面建设小康社会目标而提出的我国经济社会发展新要求之一，并要求扎实推进社会主义文化强国建设，加强重点文化惠民工程和文化项目建设，完善公共文化服务体系，实现到2020年公共文化服务体系基本建成的目标。2013年，中共十八届三中全会通过的《中共中央关于全面深化改革若干重大问题的决定》则提出，要以激发全民族文化创造活力为中心，通过完善文化管理体制、建立健全现代文化市场体系、构建现代公共文化服务体系、提高文化开放水平，从

---

① 《中共中央关于深化文化体制改革推动社会主义文化大发展大繁荣若干重大问题的决定》，人民出版社2011年版，第9页。

而进一步深化文化体制改革。

党的十六大以来，在党中央、国务院的正确领导和高度重视下，我国的公共文化服务体系建设蓬勃发展，取得了诸多成绩。一是文化投入不断加大，公共文化硬件设施有效覆盖。2011 年全国文化事业费为392.62 亿元，与 2002 年的 83.66 亿元相比，增长了 3.69 倍。[①] 人均文化事业费大幅提升，全国人均文化事业费从 1980 年的 0.56 元增加到2012 年的 35.46 元，增长 63.32 倍。随着财政投入不断加大，我国公共文化服务在文化惠民方面不断取得新成效。2014 年，财政部在一般公共财政预算中安排公共文化服务体系建设资金 208.07 亿元，比 2013年增加 26.39 亿元，增长 14.5%。在资金投入大幅增加的有力保障下，我国公共文化硬件设施建设不断加强，逐步实现有效覆盖。截至 2011年，全国共有县级以上独立建制公共图书馆 2952 个，文化馆（含群艺馆）3285 个，乡镇（街道）文化站 40390 个，国家、省、市、县、乡、村六级公共文化设施网络基本建立。[②] 二是公共文化服务体系软件建设和制度保障明显提高。2010 年文化部开展启动了国家公共文化服务体系制度设计研究，加强公共文化服务体系顶层设计。2011 年文化部、财政部实施了国家公共文化服务体系示范区（项目）创建工作，探索公共文化服务体系建设科学发展的路径。同时加强文化立法，完善公共文化法律法规体系，提高依法治文的水平。三是文化与科技的融合不断加强，重大数字文化工程取得实效。近年来，实施的以全国文化信息资源共享工程、数字图书馆推广工程和公共电子阅览室建设为主要内容的公共数字文化惠民工程，在提升公共文化服务，促进文化发展成果共享方面，起到了重大的推动作用。以全国文化信息资源共享工程为例，截至 2012 年 5 月，工程已建成 1 个国家中心，33 个省级分中心（覆盖率达 100%），2840 个县级支中心（覆盖率达 99%），28595 个乡镇基层服务点（覆盖率达 83%），60.2 万个行政基层服务点（覆盖率达99%），部分省（区、市）村级覆盖范围已经延伸到自然村。全国文化

---

① 杨志今：《认真贯彻落实党的十七届六中全会精神　加快构建中国特色公共文化服务体系》，载于群、李国新主编《中国公共文化服务发展报告（2012）》，社会科学文献出版社2012 年版，第 6 页。

② 同上书，第 7 页。

信息资源共享工程数字资源总量已达到 136.4TB，累计培训 591 万人次，提供服务 11.2 亿人次。[1] 四是公共文化服务能力和服务水平明显增强。公共文化机构免费开放是加强公共文化服务方式创新，提高公共文化服务水平，促进人民群众共享文化发展成果的重要举措。2011 年，文化部实施了全国公共图书馆、文化馆（站）、美术馆免费开放工作。全国 2952 个公共图书馆、3285 个文化馆、34139 个乡镇综合文化站实现了无障碍、零门槛进入，公共空间设施场地全部免费开放，所提供的基本服务项目全部免费。[2] 截至 2014 年底，全国 2115 个公共博物馆、347 个爱国主义教育基地、文化馆（站）已实现免费开放。基本公共文化机构的免费开放，为群众享受基本、公益和便捷的公共文化服务提供了良好的平台和载体。

在我国公共文化服务体系建设取得诸多显著成绩的同时，我们也应该清醒地看到，目前公共文化服务总体水平不高，与经济社会发展进程、与广大人民群众日益增长的精神文化需求与建设社会主义文化强国的目标要求不相适应，仍然存在着许多突出问题和矛盾。

（一）公共文化服务体系建设投入总量少，有效供给不足

改革开放 30 多年来，我国经济增长成效显著。但是由于长期以来过于强调"增长优先"的发展战略，单纯注重经济建设中重大经济发展项目的投入，而忽视了文化尤其是公共文化等事业的发展。这致使我国文化事业投入总量偏少，经费投入不足成为制约我国公共文化服务发展的重要因素，人民群众日益增长的精神文化需求没有得到应有的满足，出现了公共文化发展与经济的发展不相适应和不协调的矛盾。最近20 年来，我国文化事业费占国家财政支出的比例不仅没有上升，反而呈下降趋势，例如 1985 年为 0.51%，2012 年只为 0.38%。虽然该比例中间有所反复，但自 1988 年以来，一直未高于 0.40%[3]，远远低于国

---

①　杨志今：《认真贯彻落实党的十七届六中全会精神　加快构建中国特色公共文化服务体系》，载于群、李国新主编《中国公共文化服务发展报告（2012）》，社会科学文献出版社 2012 年版，第 9 页。

②　同上书，第 10 页。

③　以上数据根据《2013 年中国文化文物统计年鉴》（文化部编）、《2013 中国文化统计手册》（文化部财政司编）整理。

外发达国家2%—3%的水平。2005—2010年中央和地方在文化、体育和传媒中的财政支出占总支出的比率的统计分析来看，我国在文化、体育和传媒中的财政支出占总支出的比率由2.07%下降到1.72%，地方政府的支出比率由2.51%下降到1.88%。仅以2010年为例，全国文化事业费总计323.04亿元，占国家财政总支出的0.36%，约相当于教育事业费的1/30，卫生事业费的1/13，科技事业费的1/9，是改革开放以来的新低。[①] 这种对文化事业投入的增长速度与国民经济及财政收入的增长极其不相匹配，虽然文化事业费从1985年的9.32亿元增加到2012年的480.10亿元，增长了51.51倍，但却远远低于GDP和国家财政支出的增长速度，文化事业的基本建设投资增长速度远远低于国家基本建设投资。文化事业投入总量偏少，使经费投入不足成为制约我国公共文化服务发展的重要因素，公共文化服务的有效供给不足成为影响公共文化服务发展的重要问题。公共文化供给不足的突出表现是公共文化服务资源短缺，文化市场的产品和服务价格偏高，文化财富这块蛋糕没有做到足够大，致使社会成员能够分配到的文化发展成果也十分有限，从而进一步加剧了人民群众基本文化需求与公共文化服务供给不足之间的矛盾。

（二）公共文化服务设施不完善，公共文化资源利用率较低

公共文化设施是开展公共文化活动和提供公共文化服务的载体和硬件基础。我国公共文化基础设施较为缺乏，是当前保障人民群众基本文化权益的主要矛盾，也是实现人民共享文化发展成果的主要问题。由于历史原因，我国的公共文化基础设施建设比较薄弱。1949年新中国成立初期，我国公共图书馆只有55个，文化馆896个，乡镇文化站建设基本上属于空白。新中国成立60多年以来，虽然我国文化事业在经历了"恢复重建"、"深化改革"和"加快发展"三个阶段后，文化事业取得了巨大的成就，但是公共文化建设尤其是公共文化基础设施还明显不足。与发达国家相比，还存在很大的差距。以图书馆为例，作为公众

---

① 李国新、杨永恒、毛少莹：《中国公共文化服务体系建设的历史性转折》，载于群、李国新主编《中国公共文化服务发展报告（2012）》，社会科学文献出版社2012年版，第6页。

获取文化知识的重要场所，图书馆的拥有量、馆藏图书人均拥有量是衡量一个国家或地区文明程度的重要标志。根据联合国教科文组织和国际图联《公共图书馆服务发展指南（2001）》中提出的公共图书馆人均藏书1.5—2.5册的建议性标准，我国2012年全国公共图书馆人均藏书只有0.58册，远低于国际建议的要求标准。[①] 在文化馆的数量上，2010年我国平均42万人拥有一所文化馆，而日本在2008年时平均7700人就拥有一所公民馆。在公共文化基础设施不足比较欠缺的同时，对现有和已建成的公共文化设施利用率不高，文化设施资源长期闲置浪费也是一个突出问题。由于传统的基层文化设施建设是按地方和行业的条块分割方式设立的，众多的公共文化资源分属不同行业和部门，条块分割、多头管理现象严重，这就致使有限的文化资源得不到充分的利用，一些文化设施自从建起后，由于缺乏有效管理和维护，基本处于闲置或半闲置状态，造成了文化资源的极大浪费。同时政府在发展公共文化中又存在明显"缺位"和"错位"。政府"缺位"，即是把公益性文化推向市场，缺乏有效的积极引导和宏观调控，使有限的公共文化资源因缺乏市场敏感性变成了"摆设品"。政府"错位"，即是完全垄断公共文化的发展建设，损害了市场配置文化资源的活力，挫伤了民间资本投资和经营公共文化的热情，造成了文化资源的闲置和大量流失。因此，如何有效整合、合理配置和利用好现有的公共文化资源，提高公共文化设施的社会化程度，是当前公共文化服务体系建设面临的一个现实问题，这直接关系和影响到公共文化服务的实现水平和人民享受文化发展成果的实现程度。

（三）公共文化服务水平不高，供需矛盾比较突出

随着市场经济和社会结构迅速发展和变化，人民群众的精神文化需求出现多层次和多样化，这给我国的文化事业特别是公共文化事业提出了新的挑战和新要求。但是，受传统文化建设观念的影响，我国文化事业建设中一直过分强调文化的思想教育功能，而忽略了文化休闲娱乐、陶冶性情的功能。这致使政府在文化传播手段和表现形式上采取了单向

---

① 以上数据根据《2013年中国文化文物统计年鉴》（文化部编）、《2013中国文化统计手册》（文化部财政司编）整理。

的灌输的方式，再加之缺少相应的法律约束和制度规范，政府提供的公共文化服务往往只从自身利益和政绩需要出发，所提供的公共文化产品的新形式、新内容较少，缺乏广大群众喜闻乐见、丰富多彩的文化产品，公共文化的管理与服务水平不高，从而使公共文化产品和服务的供给脱离了群众的需求，出现了公共文化服务中供需之间的矛盾。这制约了对人民文化需要的充分满足，不利于人民充分享受文化发展成果。主要表现在：公共文化服务的内容和形式不能适应受服务群体的需要。受公众表达渠道不畅和群众参与度欠缺的影响，公共文化服务提供主体与受众缺乏有效沟通，致使公共文化服务内容和形式不受群众欢迎和喜爱，出现了公共文化生产与消费相脱节的现象。如近年国家大力开展农家书屋工程和"送书下乡"工程建设，农民真正急需的农业科技、病虫害防治、教育生活类的图书十分短缺且更新十分缓慢，不能够真正满足农民现实的文化需要。与此同时，我国公共文化生产提供的产品与服务虽然在数量上逐年增多，但是真正反映我国改革发展新的实践和群众喜闻乐见的优秀作品不多，具有浓郁传统特色、地域文化特色，思想性、艺术性、观赏性俱佳的精品力还很欠缺。在公共文化服务的表现形式和传播手段上，一些原有的为广大群众所喜爱中华民族的传统文化艺术形式没有得到很好的继承和弘扬。同时，没有将公共文化服务与信息化有效融合，在利用大众传媒和互联网等传播和发展公共文化的能力和空间还十分有限。近年来我国实施的文化信息资源共享工程、国家数字图书馆推广工程、公共电子阅览室建设计划等重大数字文化工程，还正处于起步和发展阶段，公共文化服务与科技的融合度还有待提高。

（四）公共文化服务管理落后，公共文化服务建设和发展缺乏活力

提供公共文化服务，满足公民基本文化需求，是现代政府的基本职责之一。在公共文化服务中，政府明确自身的主体地位，科学规划管理，对于公共文化服务充满活力和健康发展起着重要的作用。当前我国公共文化的发展依然处在有限的开放阶段，缺乏竞争对手和有效监管的条件下，政府对公共文化服务仍是垄断管理。政府主导公共文化资源投入的格局致使各类国有或事业性的文化单位，垄断了绝大部分公共文化物品的供给，消极应对公共文化服务，从而造成了公共文化服务的供给投入不足，公共文化服务发展缺乏活力并且质量低下。

在公共文化服务主体日趋多元化的趋势下，政府单一的行政管理手段已经不能适应公共文化管理的要求，特别是在五级公共文化服务设施基本建立、数字化公共文化服务网络已经基本形成的形势下，更要采用新的管理方法和技术，更好地对公共文化服务进行引导。在"大文化"垄断管理的同时，地方政府公共文化服务尤其是基层公共文化服务功能出现萎缩。一些地方乡镇文化馆名存实亡，一些地方基层公共文化服务机构以外包补贴的文化专业户等形式过分市场化，基层公共文化服务机构的服务职能不断弱化。这种政府公共文化服务职能的"缺位"，将直接造成基层公共文化服务水平和发展活力的弱化。在公共文化服务的管理上，由于文化发展规划和建设目标不明确，以及相关政策法规不完善，基层公共文化服务缺乏长效机制和合理的制度设计。如当前农村基层文化工作的管理，普遍没有制定系统的农村文化发展规划，在管理体制上仍然是用传统的、单一的小文化思维去管理大文化的事业。在公共文化服务方式上，政府大多注重"送文化"，一些文化下乡仅为年节之时的应景之作，缺乏长效机制，不能真正满足广大农民群众的文化需求。一些地方政府为了政绩需要，不从各个县、乡镇和村的实际情况出发，而是按照统一的标准和模式，采取"运动式"的方式供给公共文化产品和服务，忽视了群众多样化的文化需要。在公共文化服务的制度设计中仍然存在着忽视弱势群体的现象，制度设计和政策制定缺少公平正义和人文关怀。一些公共文化服务和管理没有全面考虑各个群体自身的特点，例如图书馆没有设立残疾人的专用通道，适合老年人文化品位和需求的文化产品与服务较少等等。如果社会不同群体无法共同享有文化成果，对于文化公平的实现十分不利。同时，公共文化服务缺少人文关怀，就会降低群众对公共文化的参与热情，不利于形成服务的主体与对象的良性互动，对于公共文化"共建共享"，增强公共文化服务的发展活力产生消极影响。

二　城乡、区域之间文化发展成果共享呈现不均衡

文化发展成果共享首先强调的是公平性，即不同地区、民族、阶层的人民都能够平等地享有公共文化服务和文化产品，平等地获取公共文

化资源，每个人的文化需求能够得到平等的满足。党的十七大以来，我国文化事业在以人为本的科学发展观指导下，更加注重公平性和共享性，强调要建立完善的公共文化服务体系，实现均等化的发展。党的十七届六中全会通过的《关于深化文化体制改革推动社会主义文化大发展大繁荣的决定》，更是明确提出城乡文化一体化发展的命题和部署，通过加强基层公共文化服务和设施建设，加大对革命老区、民族地区、边疆地区、贫困地区文化服务网络建设支持与帮扶力度，以及建立以城带乡联动机制等举措，实现公共文化的城乡一体化发展。在这一背景下，我国在实现文化事业发展的公平性和文化发展成果共享方面取得了诸多成绩。

一是在财政投入上，文化事业经费进一步向农村和西部地区倾斜。在农村文化基础设施建设上，到"十一五"期末，基本实现了"乡乡有综合文化站"的建设目标。2010 年对西部地区文化事业费投入达 85.78 亿元，占全国的 26.6%，比 2007 年提高了 5.1 个百分点。[①] 为改善乡镇综合文化站的建设质量，财政部每年安排乡镇文化站设备购置专项资金，为中西部地区已建成且达标的乡镇文化站配备文化信息资源共享工程设备和开展文化活动所必需的设备器材，大大改善了设备状况，完善了服务功能，从硬件上保障了乡镇文化站活动的正常开展。二是农村公共文化服务网络初步形成。"十二五"期间，加强了全国县级公共图书馆、县级文化馆与乡镇（街道）文化站的建设，基本实现了"乡乡有综合文化站"的建设目标。同时，实施了一批农村文化工程、信息化工程。广播电视"村村通"工程、全国文化信息资源共享工程与农家书屋工程的实施，一定程度上缓解了农民群众看书难、看电影难、看戏难的问题，活跃了基层群众的文化生活。三是农村公共文化服务方式不断创新，探索出一些独具特色的服务和发展模式。各地结合本地实际，探索了具有本地发展特色的农村公共文化发展模式。如以加强城乡一体化公共图书馆服务中，图书馆总分馆制的探索为主要内容的"嘉兴模式"；以加强农村文艺题

---

① 文化部财务司：《中国文化文物统计年鉴（2010）》，国家图书馆出版社 2010 年版，第 3 页。

材作品的创作，举办农村文艺表演，开展对农民自办文化的调研为主要内容的陕西省乡镇示范文化站和文化示范村；鼓励农民通过民间业余剧团、农民文化大院、文化发展中心户、文化示范户等形式自办文化，提高农民参与文化活动的参与度。这些内容不同，形式各异的发展模式，对于农村公共文化服务质量和水平的提升，对于调动农民参与农村文化建设的积极性都起到了较好的效果。

虽然我国在促进城乡、区域公共文化服务均等化发展方面做出了诸多努力，也取得了显著成绩，但是，文化作为上层建筑，其发展程度仍然受到经济发展的现实水平的制约。我国地域广阔，受自然条件和历史原因的影响，城乡、区域之间的社会经济发展十分不平衡，这就决定了城乡、区域之间在文化发展上存在较大差距，在共享文化发展成果上呈现出不平衡。

（一）城乡、区域之间公共文化服务的财政投入不均衡

充足的资金投入是公共文化事业发展的基本保障。但是由于长期以来文化事业经费基数低，投入总量偏少，在这一情况下，投入农村和西部落后地区的文化经费所占的比例就更低，经费的缺失成为制约农村和西部地区公共文化服务发展的重要根源之一。公共文化事业经费的投入在城乡、区域之间差距较大，呈现出不平衡。在城乡二元经济结构的影响下，由于农村财政性文化经费一般由县乡政府来提供，支出层级比较低，致使农村公共文化服务财政投入少；而城市的公共文化服务由于一般由市区政府提供，则投入较多。根据我国第六次人口普查数据统计，我国农村居民已经约占全国人口总数的50%，但是占全国人口一半的农村居民却享受不到1/3的财政文化投入，我国对农村公共文化服务财政投入只占全国30%左右。从历史的纵向发展来看，改革开放30多年来，我国对农村公共文化服务的财政投入在总量上大幅增加，由1978年2.4亿元增加到2010年的116.41亿元，增长了40倍。但是在公共文化财政投入所占的比例上却没有增加甚至出现了倒退，农村公共财政投入在总的文化事业投入经费所占的比例由1978年的55%减少到2010年的36%，城市公共文化服务财政投入是农村的2.4倍。同时，公共文化事业经费在地区投入上也存在较大差距。2010年中东部地区文化事业经费投入占全国总投入

的 76%，西部地区仅占全国的 24%。① 在人均文化事业费上，西部地区人均文化事业费偏低，远远少于东部地区。例如，2012 年全国人均文化事业费是 35.46 元，北京是 110.55 元，而西部地区的广西和云南却只有 25 元、28.07 元，与东部地区有着较大差距，并且低于全国的平均水平。② 人均文化事业费作为政府对基本公共文化领域投入的一项重要指标，直接关系到公民基本文化权益的实现。从人均文化事业费均等化系数统计来看，东部地区的人均文化事业费均等化程度高于中西部地区，全国人均文化事业费均等化系数偏低，仍是较为不均等的状况。通过以上分析可见，我国政府公共服务的财政投入存在城乡、区域之间的不均衡，这直接导致了城乡、区域之间公共文化发展水平存在较大差距，在文化成果共享上呈现出较大的不平衡。

（二）城乡、区域之间公共文化的服务供给和资源配置不均衡

公共文化服务的供给在城乡、区域之间差距明显，具体表现为公共文化资源主要集中在大中城市和东部经济发达地区。这种在供给和资源配置上的不均衡，直接制约了农村与西部不发达地区精神文化的发展，不利于文化发展成果共享的实现。在城乡公共文化服务的供给和资源分布上，文化资源的配置上分配不公的问题比较突出，有限的文化资源在地域分布上存在着"东部多，西部少；城市多，农村少"的不合理现象。从 2005 年到 2010 年，我国在文教娱乐及服务类的财政支出上，城镇支出对比农村支出，由 3 倍上升到 5 倍。例如，2012 年文化事业费占财政支出的比重，全国的平均水平是 0.36%，浙江是 0.75%，而西藏只有 0.25%。③ 这种支出上的差距，加剧了公共文化服务的城乡、区域之间发展不均衡的问题。在公共文化服务的基础设施上，城乡差别、发达地区和欠发达地区的差距仍然悬殊。与农村和西部不发达地区相比，城市和东部发达地区的公共文化服务设施和服务比较完善。而农村

---

① 李国新、杨永恒、毛少莹：《中国公共文化服务体系建设的历史性转折》，载于群、李国新编《中国公共文化服务发展报告（2012）》，社会科学文献出版社 2012 年版，第6—7 页。

② 以上数据根据《2013 年中国文化文物统计年鉴》（文化部编）、《2013 中国文化统计手册》（文化部财政司编）整理。

③ 同上。

和西部不发达地区的基础文化设施还比较缺乏，已有的文化设施如文化站、图书室等由于经费、管理、人员等方面存在不足，很多公共文化机构运转困难，利用率不高，效用满足程度低。以图书馆为例，地县（市）级公共图书馆平均每馆购书费及新购图书情况统计分析，地市级的图书馆平均每馆的购书费和购书量均远远大于农村。例如，2012年公共图书馆人均购书费上，全国的平均水平是1.091元，浙江是2.854元，北京是2.689元，而贵州和青海却只有0.261元和0.412元，远远低于全国的平均水平。① 从以上统计数据中我们可以看到，当前农村和西部不发达地区公共文化供给和资源配置还十分不均衡，这种情况使农村和西部不发达地区的人民的基本文化需要很难得到满足，基本文化权益不能得到很好的保障，从而无法平等地享受到社会公共的文化成果与服务。

（三）农村和不发达地区的公共文化服务水平不高，人民的基本文化需求不能得到充分满足

被誉为"现代经济学之父"的亚当·斯密指出："为公共问题提供公平的解决方案，这不只是意味着要为所有的人提供同样的服务，而且意味着要为那些更需要服务的人们提供更高层次的服务。"② 要实现文化公平，实现文化发展成果的共享，需要将实现农村和不发达地区的人民的文化发展成果共享前置。因为，没有农村和不发达地区人民的文化发展成果共享，就不可能真正实现全国的文化发展成果共享，就不可能实现真正的文化公平。这种共享不仅强调公共文化服务均等化，同时更加强调的是高质量和高层次的公共文化服务的提供。由于在传统的计划供给的模式下，政府对公共文化服务的供给采取了"自上而下"的决策机制。不是根据公共文化生活的需要来决定文化物品的内容、形式和实现方式，而是政府以政策的方式作出了硬性规定或以行政指令的方式予以下达，并要求各地区不论条件成熟与否统一强制性执行。公民的公共文化物品消费需求和愿望得不到尊重和真实反映，导致文化服务供给

---

① 以上数据根据《2013年中国文化文物统计年鉴》（文化部编）、《2013中国文化统计手册》（文化部财政司编）整理。

② ［英］亚当·斯密：《国民财富的性质和原因的研究》（上卷），商务印书馆1981年版，第253页。

与需求发生偏离，这直接影响到公共文化服务的质量和人民共享文化发展成果的程度。特别是在我国农村和西部不发达地区，公共文化产品和服务供给结构仍不合理。作为一种带有消费者强烈主观消费偏好的消费形式，文化消费呈现出诸多差异性。比如在身份差异上，消费者的年龄差异、性别差异、文化程度差异、职业差异、收入差异、区域差异都会形成特定的文化消费偏好。农村居民的阅读存在对农业科普读物有明显的消费偏好，对本乡本土文化活动的喜好程度明显高于政府组织的文化下乡活动。如果无视这些差异和多样化的需求，一味地提供无差异化的文化产品和服务，只会增加了无效公共文化物品的数量，造成公共文化资源的浪费，不可能真正满足农村居民的文化消费需求。与此同时，在农村和西部不发达地区，基层文化产品数量及文化服务远远没有跟上人民群众的文化需求，看书难、看戏难、看电影难、收听收看广播电视难等问题仍然存在，反映农村和地方特色题材的影视作品少，村民自发组织的文化活动少。这种忽视人民现实需求的供给，使基层公共文化服务丧失了实效，单调、乏味仍是农村和西部不发达地区人民文化生活的主旋律。

三 阶层之间文化发展成果共享存在较大差距

在现代社会，由于社会分工的不断发展造成了社会阶层之间的差别，在此基础上便出现了社会分层，它是依据社会关系不同层面上的同一性而形成的社会层次结构。由于文化背景、受教育程度、社会地位、地域等差别的存在，不同阶层对公共文化资源的享受和文化发展成果的共享存在较大差距，呈现不均衡。随着阶层之间贫富差距的出现，较为富裕的阶层和群体，由于所占有的文化资源在数量和质量都较高，就会表现出对文化价值较高的期望，同时也相应地表现出更高的成就动机，这就是著名的"皮格马利翁"效应；与之相反，由社会原因所导致的缺乏参与经济、政治和社会的机会，而陷于弱势地位的阶层和人群，由于没有条件享受较好的文化资源，对文化价值的期望就较弱，甚至会产生文化贫穷的恶性循环，逐渐成为"被文化遗忘的角落"。这种不同阶层之间享受文化发展成果的差异，是当前文化发展不公平的重要体现。

（一）农村居民的精神文化生活仍然贫乏，与城镇居民的文化享受差距明显

在城乡分离的户籍制度所导致的城乡二元社会结构下，城乡居民在享受公共文化产品和服务方面存在相当大的差距。大量的文化发展成果如公共图书馆、博物馆等公共文化设施和公共文化产品集中建设和供应于城市，而农村的相应公共文化建设和服务却还十分薄弱。在社会公共文化产品分配制上，农村与城镇还存在着显著的不公平，农村居民与城镇居民在精神文化生活方面存在着巨大差距。例如，在全国城镇与乡村文化消费的对比上，在 2000 年，全国城镇人均文化消费是 264.07 元，乡村人均文化消费是 186.72 元，城乡差距比是 1.4143；东部地区城镇人均文化消费是 369.57 元，乡村人均文化消费是 239.90 元，城乡差距比是 1.5405；西部地区城镇人均文化消费是 251.46 元，乡村人均文化消费是 149.03 元，城乡差距比是 1.6873。而到了 2013 年，全国城镇人均文化消费是 1369.38 元，乡村人均文化消费是 485.88 元，城乡差距比是 2.8184；东部地区城镇人均文化消费是 1732.30 元，乡村人均文化消费是 689.18 元，城乡差距比是 2.5136；西部地区城镇人均文化消费是 1166.36 元，乡村人均文化消费是 349.00 元，城乡差距比是 3.3420。[1] 通过上述数据对比分析可见，虽然十几年间我国人均文化消费无论是城镇还是乡村，在整体上都是呈现增长的趋势，但是，城镇人均文化消费增长比较明显，而乡村人均文化消费增长较慢，无论是东部地区还是西部地区，城乡差距明显增大，农村居民与城镇居民的精神文化享受差距明显。同时，虽然随着农村居民生活的日渐改善，农村居民的精神文化产品消费支出呈现出较快的增长速度。根据国家统计局 2010 年统计报告中的数据显示：2010 年我国农村居民在精神文化产品和服务上的支出为 367 元，同比增长 7.7%，约占消费总支出的 8.38%。[2] 但是其中用于教育的支出占很大比重，而真正用于休闲娱乐，放松身心的产品和服务的支出较少。因此当前，物质消费仍占农村

---

[1] 王亚南：《公共文化投入和居民文化消费区域差距透析——中国社会结构"非均衡性"的一种检测》，《北京联合大学学报》（人文社会科学版）2015 年第 4 期。

[2] 国家统计局住户调查办公室：《2010 年农村居民生活消费出增长 5.9%》（http://www.stats.gov.cn/tjfx/fxbg/t20110310_ 402710029.htm，2011 – 03 – 10）。

居民消费支出的主导地位，精神文化产品的消费所占比重仍然相对较小。加之农村文化投入不足和文化设备匮乏等问题的存在，农村居民的文化、休闲和娱乐生活还比较单调和贫乏。此外，农村公共文化服务缺乏针对性，反映农村和农民现实生活、适合农民欣赏风格和消费水平的文化服务较少，不能真正满足农村居民的基本文化需求。由于"自上而下"的公共文化产品供给模式，政府控制了社会大量的资源，又无法及时准确掌握农民对公共文化服务的实际需求，致使文化下乡等活动缺乏农民的积极参与，而成为政府的"独角戏"，使公共文化服务供给脱离了农民的实际需要。图书馆和农村书屋仍然存在图书数量少，旧书多、新书少等图书匮乏问题。同时现有图书缺乏现实针对性，农民看得懂、用得上的书籍不多，面向农村发行的报刊更是有限。这使图书馆和农村书屋失去了其应有的效用，农村居民看书难的问题没有从根本上得以解决。与此同时，农民不能得到农业科技知识的传播，不能看到专门的农业电视节目，组织知识宣讲和技术培训等文化活动较少等问题的存在，进一步影响了农民支持、参与公共文化活动的程度。在以上综合因素的影响下，我国农村居民的精神文化生活仍然十分贫乏，与城镇居民的差距还较大，这是文化发展成果共享失衡和文化发展不公平的现实反映。

（二）农民工的精神文化生活单调匮乏，在公共文化服务中处于"边缘化"的境地

改革开放以来，随着城市化进程加快，大量的农村劳动力从农村涌入城市，出现了城乡劳动力迁移的过程。在这一过程中，便出现了"农民工"这一特殊群体。"农民工"是指进城以农民身份从事非农工作的劳动群体，是介于农民和市民之间的社会阶层。根据国家统计局公布的数据，截至2012年，中国农民工的总量已达26261万人，占城镇常住人口的1/3。对于这一庞大的群体而言，人在城市，根在农村的特殊性，使其处于城乡公共文化服务体系的真空地带和"边缘化"的境地。作为人的基本需求之一的文化需求能否得到满足，是反映农民工的精神状态和文化生活的一种符号，是实现文化公平和文化成果共享的重要标志。近年来，在我国公共文化服务体系建设中，对农民工文化生活的关注度逐渐提升。2011年9月，文化部、人力资源和社会保障部、中华全国总工会下发《关于进一步加强农民工文化工作的意见》,第一次对农民工文化建设进行专门的部署。2012 年 10 月召开的党的十七届六中全会通过的《关于深化文化体制改革推动社会主义文化大发展大繁荣的决定》,进一步强调把农民工纳入城市公共文化服务体系,关注农民工文化生活已经成为各级文化行政部门和各级公共文化单位的工作内容。这些充分体现出国家对保障农民工文化权益和满足农民工基本文化需求的高度重视。但是,由于城乡二元经济结构以及体制制度观念等原因,当前农民工的文化生活仍单调匮乏,普遍处于文化贫困状态。体制不顺、责任不清、保障不力、针对性不强、服务水平不高等问题的存在,使农民工文化权益仍然缺乏制度性保障,农民工在公共文化服务中处于"边缘化"的境地没有得到根本的改变。

第一,农民工文化消费水平低,精神文化生活单调匮乏。

拥有丰富的精神文化生活,才是真正的幸福生活。农民工因其特殊的身份,长期生活在城市,所接触的知识信息要比普通农民多和广,因此与整个农村人口的文化素质相比较,农民工是文化素质相对较高,见识较广的那一部分农民。特别是新生代农民工,可以通过利用报刊、书籍以及网络获取知识和信息,以丰富自身的精神文化生活。可见,农民工群体有着十分强烈的精神文化需求。尽管有着旺盛的精神文化需求,但是由于工作条件和收入水平的限制,农民工还不能把精神文化生活当作必需来追求。一方面,多数农民的工作都属于劳动强度大、劳动时间长的高强度工作,并且具有封闭性和流动性的特点,因此很多人并不具备充足的时间和精力去参加文化娱乐活动,很多人几乎没有甚至也不会想要求有文化娱乐生活。另一方面,由于农民工的收入水平普遍较低,这就直接限制了农民工的文化消费能力,致使文化消费内容贫乏,精神文化生活十分单调。与城市居民相比,由于社会地位和经济地位均处于弱势,对城市文化市场上价格偏高的文化产品,农民工并没有进行文化消费的支付能力。这些因素致使农民工的文化消费水平相对于城市居民而言,还相对较低。多数的农民工的文化娱乐方式都以上网、逛街、打扑克、聊天等活动为主,只有少部分农民工会选择偶尔看电影等其他形式的文化活动,而更高层次的文化活动对于大部分农民工来讲只能是可望而不可即。因此,文化消费低,形式单调,文化生活匮乏,文化需求不能得到基本满足，是当前我国农民工文化生活呈现出的总体特征。这种精神文化生活的状况，会逐渐使农民工这一群体出现精神空寂，缺少归属感等问题，使他们成为文化生活的边缘群体。

第二，农民工享受的公共文化服务较贫乏，在公共文化服务体系中被"边缘化"。

如前所述，由于社会原因造成的农民工经济和社会地位的弱势，农民的基本文化需求得不到满足。在这一背景下，就更需要由社会、政府、企业和团体来提供更多、质量更高的公共文化服务和产品，以保障农民工能够享受到文化发展成果，维护其基本文化权益，实现文化公平。但是，由于现行城乡分割的户籍制度下形成的城乡二元结构，以及公共文化服务本身具有的地域特征，作为外来人员的农民工群体，因为户籍限制和特殊的身份，不能够真正享受政府提供的公共文化服务，在公共文化服务中处于城乡边缘化的状态。一方面，由于长期生活在城市，逐渐脱离了农村的文化活动和文化氛围，农民工很难享受到农村的公共文化服务和设施，也很难真正融合于农村的公共文化生活。另一方面，由于受到户籍制度的限制，长期生活在城市的农民工并不能像城市居民那样，平等地分享城市公共文化资源和享受公共文化服务。同时当前城市公共文化服务中专门针对农民工特点的公共文化服务和内容还较少，城市的博物馆、群艺馆、文化馆、体育馆、电影院等公共文化设施又普遍收费较高，这进一步造成了城市公共文化服务与农民工现实文化需求不能得到满足的矛盾。例如上海开展的"关于上海新生代农民工精神文化生活现状的调研"问卷显示，"根本不知道社区有活动"和"知道，但没被邀请"的受访者共63.3%，经常参加社区活动的人仅有7.7%。这一结果表明，农民工并没有融入城市文化生活，城市公共文化服务体系也没有真正将农民工纳入服务的范围，形成了对农民工的文化排斥，造成了农民工在文化生活中处于"边缘化"的境地。在政府对农民工提供的公共文化服务比较薄弱的同时，农民工所在的企业所提供的文化服务和活动也是十分有限。以国有企业为例，在国企改革过程中，随着企业数量的增长，企业图书馆数量却出现不断减少的状况。而一些中小企业，几乎就没有职工图书馆（室）的设置，只重视企业的经济效益，无视农民工的文化需求，是当前大部分企业的现实写照。总之，在公共文化服务处于城乡边缘化的状态，使农民工既不能回归农村文化，又无法融入城市文化，成为了公共文化服务的真空层，这对于农民工文化素质的提高，以及公平地享受文化发展成果带来了十分不利的影响。

第二节　我国文化发展成果共享的制约因素分析

上述对我国文化发展成果分享现状和存在问题的介绍，只是对我国文化发展成果共享基本现实的一种梳理和展现，仅是反映了我国文化发展成果共享问题的表象。而要更加深刻地认识和分析问题，则需要透过现象看本质，在认识我国文化发展成果共享的现状即表象的基础上，进一步深入研究其形成发展的内在原因和制约因素是根本和关键。

一　思想观念因素：公共文化服务建设和参与过程中文化自觉的缺失

关于"文化自觉"，我国著名社会学家费孝通先生的观点是，文化自觉是指生活在一定文化历史圈子的人对其文化有自知之明，并对其发展历程和未来有充分的认识。换言之，文化自觉主要指一个民族、一个国家在文化上的自我觉醒，自我反省，自我创建。作为一种内在的精神力量，文化自觉强调在深刻认识文化在历史发展中的地位和作用的基础上，正确把握文化发展规律和主动担当发展文化历史责任。恩格斯指出："文化上的每一个进步，都是迈向自由的一步。"[①] 文化除了具有教育教化功能之外，还是人类的一种精神上的内在需求和普遍需求。作为满足人民基本文化需求的主要途径，加强公共文化服务体系的建设，提高建设公共文化的"文化自觉"，是我们党尊重人民基本文化权益，发展文化民生，实现文化发展成果共享的重要体现。当前在全面建设小康社会的关键期，人民的精神文化需要更加突出和强烈，这就需要我们进一步增强公共文化建设和公民积极参与的"文化自觉"，以更好地丰富人们精神世界，实现文化发展成果共享。但是，由于受到传统发展观念

---

① 《马克思恩格斯选集》第3卷，人民出版社1995年版，第456页。

等诸多因素的影响，我国公共文化的建设和参与缺乏必要的"文化自觉"，主要表现在各级政府的重视程度不够，以及公民公共文化的参与度不高。

第一，各级政府特别是基层政府对公共文化建设重要性的认识不足。由于受到传统发展观念的影响，"唯经济"论和以经济发展论成败的思想，以及对各级政府的考核多以经济指标为主要考核内容的政绩观，长期将经济发展指标作为衡量国家发展的最重要指标甚至唯一的指标，这给文化建设特别是公共文化的发展带来较大的负面影响。一些基层政府重经济而忽视文化的思想观念仍然根深蒂固，单纯强调以经济建设为中心，以牺牲文化建设为代价，主张经济建设好了再去进行文化建设，甚至认为只要经济建设搞好了，文化建设自然就会搞好。但是，文化作为上层建筑的重要组成部分，具有相对的独立性，不能简单地把文化看作是经济的派生物和附属品，不能以牺牲文化建设为代价，换取经济的一时发展。这种认为文化建设无关大局的思想，没有认识到文化建设特别是公共文化建设的重要性，忽视了人民群众的基本精神文化需求。"物质贫乏不是社会主义，精神空虚也不是社会主义。"① 在公共文化建设上缺乏必要的文化自觉，直接导致基层政府在文化政策制定和文化建设工作上缺乏科学规划和有效保障，忽视甚至放弃了基层公共文化阵地建设。而思想文化阵地，马克思主义不去占领，各种非马克思主义的思想就会去占领。由于基层政府的不重视，人民群众的公共文化生活贫乏，公共文化失去了其应有的吸引力和感召力，滋生了各种腐朽、没落和不健康的思想。"物质文明和精神文明都搞好了，才是有中国特色的社会主义。"② 精神文明建设不加强，物质文明建设也要受到破坏。一些基层政府对于经济建设和文化建设二者的辩证关系缺乏正确的认识，在公共文化建设上缺乏必要的文化自觉，缺少公共文化精神，没有很好地承担建设和发展公共文化的责任。这是当前公共文化建设薄弱，人民群众不能较好地分享文化发展成果问题在思想认识上的制约因素。

第二，人民群众参与公共文化建设和文化活动的意识不强。中国特

---

① 《江泽民文选》第1卷，人民出版社2006年版，第621页。
② 同上书，第238页。

色社会主义文化是共建与共享相统一的文化，共建是共享的前提和基础。在公共文化建设和发展过程中，人民群众不仅是享受文化发展成果的主体，同时也是公共文化建设的参与主体。人民群众的积极性、创造性和主体能动性对于公共文化服务的建设和发展起着重要作用。但是，由于受传统文化管理观念和体制等因素的影响，人民群众在公共文化建设和发展领域参与意识不强，缺乏公共精神和公共意识。主要影响因素有三：一是在社会主义市场经济条件下，随着现代化、工业化和城市化进程的逐步加快，在基层特别是农村，作为社会基础的文化传统受到了市场化规则的挑战和外来文化的强烈冲击。在要求文化权利和权益得到充分实现的背景下，释放了人民群众对个体化的文化需求的追求，原有维系社会秩序的许多传统因素逐步被市场逻辑所取代，私性文化兴起，逐渐超越甚至替代公共文化活动。人民群众的公共精神和公共意识淡薄，导致参与公共文化服务和活动的参与度较低，参与积极性不高。二是人民群众参与公共文化的主体性实现存在制度约束。长期以来，我国公共文化供给机制采取的是政府自上而下的供给，过分强调政府、市场的供给角色，而忽略了人民群众的实际需要，忽视人民群众在公共文化建设中的主体参与作用。由于缺乏有效的需求表达机制，政府提供的公共文化服务与人民群众现实的文化需求不相符，导致群众对公共文化的参与积极性越来越低，最后公共文化服务和活动成为了政府的"独角戏"。同时，在政府垄断的单一性的公共文化供给机制下，社区、非政府组织和企业参与公共文化服务不够充分，没有实现公共文化服务供给主体的多元化发展，致使公共文化服务与产品的供给更显单一和匮乏，不能够满足人民群众日益增长的多样化的文化需求的现状。三是人民群众的参与能力不高且不平衡。在公共文化参与过程中，群众的参与能力直接影响和制约着参与热情和参与程度。而文化教育水平和个人文化素质直接关系到对公共文化服务的参与需求和参与能力。由于自身文化素质不同，现实中公民的参与要求和参与的能力呈现不平衡。特别是在农村，相比较于城市居民，广大农民的文化素质普遍不高，这使农民的文化服务需求及层次普遍低于城市居民。同时，受文化教育水平的制约，农民缺乏表达自身的文化需求的能力，这直接导致了农民参与公共文化服务和活动的积极性不高，参与度较低。

二　社会结构因素：城乡二元结构下文化发展成果分享城乡间的不均衡

1954 年，著名经济学家阿瑟·刘易斯在《劳动无限供给条件下的经济发展》的论文中，明确地、系统地提出了关于发展中国家经济二元性的理论。刘易斯指出，在发展中国家一般存在着两种性质完全不同的经济部门：一种是比重较小的资本主义部门或现代部门；一种是比重庞大的自给的农业部门或传统部门。由于二者在所占比重上的差距，现代部门像一座孤岛被传统部门的汪洋大海所包围，这就是所谓的二元经济结构。① 因此，二元经济是指在发展中国家中同时存在着现代化的工业和传统农业、现代经济与传统经济。经济发展的动力主要依靠现代化工业部门的推动，在农业发展还比较落后的情况下，优先建立了现代工业部门。二元经济是一种差距明显的社会经济状态，在这种经济下形成了城市和乡村形成两个相对分割的二元社会结构，主要表现为城市和乡村在经济社会、公共服务事业发展等方面存在显著差距。

从新中国成立初期开始，在工业化和城市化为主导的经济发展战略指导下，我国长期处于城乡二元结构的状态。这不仅造成了城市和农村在经济发展上的不平衡，而且也形成了城市和农村"二元化"的非均衡公共文化产品供给体制，使城乡居民在共享文化发展成果上存在较大差距。在二元结构下，公共文化服务长期是一种城市偏向型的供给制度，造成了财政资金在城乡之间投向的非均衡。城乡公共文化服务的供给主体分别是政府公共财政和乡镇集体财力。城市政府财力相对充足，政府将主要公共文化资源投放在城市，城市所需要的公共文化产品和资金基本由政府财政包揽，城市居民享受政府提供的多项公共文化产品和服务。而政府对农村公共文化产品和服务提供却较少，许多基本服务都要由农村基层提供。而基层政府掌握的财力非常有限，广大农村的大部分公共文化产品则由农户自筹资金建设，由农民自己承担费用支出，政府仅给予一定限度的补贴。这种公共文化产品和服务由农民自己埋单，

---

① ［美］阿瑟·刘易斯：《劳动无限供给条件下的经济发展》，载《现代国外经济学论文选》第八辑，商务印书馆 1984 年版。

而没有安排在政府统一的财政支出之中，致使农民不能与城市居民一样享受文化发展成果，本身就是公共文化供给在制度上的不公平。税费改革后，虽然在农村公共文化的投入上国家财政投入逐步增加，但是在二元结构下的公共文化产品供给的"二元"化特征并未得到彻底改变，城市仍然是国家财政的投入重点。城乡公共文化资源配置的不合理和城乡公共文化服务供给的不均衡，使城市和农村的文化建设形成强烈的反差，城市居民与农村居民在享受文化发展成果上存在较大差距。城市居民能够享受到设施齐全、质量高的丰富多彩城市文化生活，已进入到享受型文化消费；而由于农村文化设施比较简陋，缺乏必要配套设施，公共文化产品和服务无论在数量上还是质量上都远远低于劣于城市文化，大多数农村居民的文化活动仍单一贫乏，基本文化需求都还没有得到满足。在过去几十年长期强调效率优先的前提下，以经济和城市发展为导向的非均衡增长模式，加剧了城乡二元结构的建立，导致了在区域、城乡和阶层之间文化资源配置的差距并固化为现实的利益分割体系。固化的利益分割体系进一步构成了当前公共文化服务供给过程中各利益相关方的非均衡参与地位和关系：中央政府与地方政府、省级以下政府之间在与公共文化服务提供有关的财权事权上存在着纵向的非均衡关系，在财权呈现向上集中的趋势，事权却越来越小地分散到各级基层政府。平等参与和均衡关系的缺乏，大大削弱了公共文化均等化的效果。[①] 总之，城乡二元结构是我国城乡公共文化服务供给的非均衡化、城乡居民不能够平等地享受文化发展成果的重要社会因素，是阻碍国家实现文化公平和文化发展成果共享的重要社会根源。

三　经济发展因素：区域经济发展不平衡下文化发展成果分享地区间的失衡

在我国，各地区之间由于在自然环境、历史、地理位置等方面存在着差异性，以及长期实施的非均衡发展战略，地区之间的经济发展很不平衡。从人类社会发展历史来看，人类精神生活的发展程度，受到物质生活、生产方式的制约。人类精神文化活动是建立在基本生存需要得到

---

① 曹爱军、杨平：《公共文化服务理论与实践》，科学出版社 2011 年版，第 81 页。

满足的基础上的。因此，物质产品的生产和经济的发展水平决定和影响着精神文化产品的消费水平和层次。由于当前我国地区之间经济发展的不平衡，导致不同地区之间居民在精神文化生活的消费水平、分享文化发展成果上存在较大差距。这主要体现在以下两个方面：

第一，经济发展的不平衡决定了各地区精神文化生产水平的不平衡。生产决定着消费，生产什么、生产多少决定着消费什么、消费多少。从生产与消费的相互关系来看，人们精神文化消费的水平和层次首先由精神文化生产的水平决定。正如马克思所指出的，"饥饿总是饥饿，但是用刀叉吃熟肉来解除的饥饿不同于用手、指甲和牙齿啃生肉来解除的饥饿。"① 由于经济发展水平的差距，导致经济相对落后地区与经济发达地区在精神文化产品的生产水平和层次上存在较大差距，而这种差距直接导致不同地区之间人们精神文化消费的水平和层次的差距。落后地区由于经济基础薄弱，财政收入增长乏力，在公益性文化事业和公共性文化产品生产上的财政投入不足，造成了公共文化产品供给不足和公共文化服务水平较低，造成落后地区居民的精神文化产品消费水平与发达地区居民相比，消费水平和层次都偏低。与此同时，生产与消费之间具有同一性，"消费直接也是生产"②，消费的过程也是人的自身再生产的过程，落后地区的居民由于精神文化产品的消费水平的相对落后，会导致被再生产出来的人（劳动者）的素质与发达地区中被再生产出来的劳动者素质之间的差距，而相对落后的劳动者素质会作为生产要素之一投入下一轮生产过程中，如此循环往复，会出现落后地区与发达地区之间在生产能力和消费能力的差距不断拉大的趋势。因此，由于经济发展水平的差距，导致各地区之间精神文化生产水平的差异，是导致各地区居民精神文化消费水平存在差距，不能共享文化发展成果的重要因素之一。

第二，经济发展的不平衡决定了各地区居民收入水平的差距，导致人们精神文化消费能力的不平衡。居民收入水平的差距是导致人们在精神文化消费上存在差距的重要因素。通常情况下，人们的精神文化消费

---

① 《马克思恩格斯全集》第46卷（上），人民出版社1980年版，第29页。

② 同上书，第28页。

水平与其收入水平是高度相关的。高收入群体由于满足其生存需要的消费支出在他们的支出中所占的比例相对较小，因此便会有更多的能力去为满足自身的发展和享受需要而进行精神文化消费。而低收入群体由于收入处在比较低的层次上，满足生存需要仍然是第一需要，满足其生存需要的消费支出仍然在他们的消费总支出中占有较大比例，因而发展和享受的需要和能力就相对较弱，精神文化消费作为层次较高的需要，对于低收入群体来说，在消费欲望和消费能力上与高收入群体相比存在着较大差距。以恩格尔系数为例，恩格尔系数是反映居民消费水平的一个重要系数。按照国际标准，当恩格尔系数小于30—40时，人们在文化娱乐方面的消费才会增加，才会凸显发展和享受需要的取向。通过对近年城乡居民收入和恩格尔系数对比分析，我国城市与农村的恩格尔系数存在差异，城市的恩格尔系数近年大多在30—40，农村的恩格尔系数仍然在40以上，这说明我国城市和农村由于收入水平的差距，对精神文化的需求和消费存在着不平衡。因此，区域经济发展不平衡造成的城乡居民收入的差距是导致城乡居民精神文化需求和消费不均衡、制约文化发展成果共享的重要经济因素。

四　财政体制因素：不完善的公共财政体制下财政支持的可持续性和均等性的缺乏

由于长期以来我国的财政政策是重经济建设轻公共文化服务建设，用于公共文化服务领域的支出始终保持在较低的层面，公共财政用于公共文化服务的投入不足，导致公共文化产品和服务方面的支出不足与严重的不均等。公共财政体制的不完善，使公共文化服务缺乏可持续的财政支持，是制约文化发展成果共享的财政体制因素。这主要表现在以下两个方面：

第一，公共财政投入力度不够，导致公共文化产品和服务供给总量不足。一定的资金投入是公共文化产品和服务的供给基础和保障。一直以来，由于我国政府职能尚未实现向"公共服务型"的转型，公共文化事业资金的主要投入者仍然是政府，而在吸纳和动员社会力量方面则比较薄弱。这致使我国公共文化服务供给主体比较单一，缺少企业及非营利性组织等其他供给主体的有效参与。同时由于国家在宏观文化政策对文化支出缺乏清晰限定，在实施公共文化服务过程中，各级文化行政与文化事业机构缺乏科学的项目设计和支出测算，公共文化服务体系缺少科学合理的制度设计，这导致我国基层在文化经费预算和公共文化服务经费保障上出现了不规范和缺少长效性等财政供给保障问题。虽然国家对于文化事业的经费投入不断增加，但由于基数较小，文化事业支出占整个财政支出的比重仍然较小，一直长期维持在0.4%左右，这导致公共文化服务的发展缺少必要的经费支撑，而很难充分满足人民快速增长的精神文化需求。以2012年为例，我国人均公共文化消费量只有35.46元，全国文化事业费占财政支出的比重只有0.36%，这凸显出人民的文化需求满足程度与经济发展水平的严重不相符。在整体文化事业投入基数较小的情况下，投入农村和不发达地区的文化事业费所占的比例就更低，这进一步导致了我国公共文化产品和服务方面的支出上严重的不均等，制约了文化发展成果的实现。

第二，由于体制性的障碍，基层公共文化服务在财权和事权上的不相对称。公共财政的资金投入、使用与管理制度是公共文化产品和服务的供给的基本保障。因此政府的公共文化产品和服务供给能力很大程度上取决于政府获取财政收入、确定财政支出的权力，即财权，而财权的界定依据是事权。然而，考察财政体制改革发展历程可见，地方基层政府财权与事权逐渐出现不统一、不相对称的问题。1994年分税制的建立，初步划分了各级政府的财权和事权范围。在分税制的具体运行过程中，财权逐级集中，事权层层下放。2006年取消农业税，使基层政府的财源进一步减少，农村县、乡、村财力短缺的现象十分突出。同时由于没有税收立法权和举债权，也没有独立的主体税种，基层政府收入主要依靠共享税，使其掌控的收入极其有限。虽然上级政府通过转移支付制度弥补地方财力，但其支付十分有限，加之基层经济总量增长小且零星分散难以征收，进一步限制了基层政府的财政收入。在财权有限、所拥有资源较少的情况下，地方基层政府所承担的事权却比较多。我国县乡基层财政承担了包括教育、卫生、文化和社会等基本公共服务的事权。而如此繁多的事权与基层的政府的财权是极其不相对称的，在这种情况下，基层政府提供公共文化服务的能力就十分有限和不足，很难保质保量地提供基本公共文化产品和服务。

五　政府职能因素：在政府职能的"越位"和"缺位"下文化发展成果共享制度保障的缺失

正如弗雷德里克森在《公共行政的精神》一书中曾指出："价值是公共行政的灵魂"①，现代责任政府的一个重要价值理念是公平与公正。根据公共行政学理论，作为人类行政模式的一种，服务行政因其具有充分的公共性，以达到服务对象的满意为最高标准，是公平正义的价值取向得以真正实现的一种公共行政模式。公共事业和公共服务是现代责任政府的重要职责，公共性是现代服务型政府的基本属性和明显特征。满足公共需求和提供公共服务是现代政府的基本职能，政府通过提供基本公共服务，维护公共利益，实现公共产品和服务的供给普遍均等化，满足全体公民的公共需求，这是政府尊重公民权利和平等分享社会发展成果的重要体现。作为文化领域的社会公益性服务体系，公共文化服务体系是政府履行公共服务职能，尊重公民基本文化权益和保障文化发展成果共享的本质要求。因此，在这一体系的构建中，政府的角色扮演和职能定位是核心和关键。然而，受到传统计划经济观念以及政府角色定位不清晰等因素的影响，在公共文化服务过程中，由于政府职能的错位，导致的公共文化供给制度不平衡和决策机制不合理等问题，影响了公共文化服务的公平性与公正性，阻碍了文化发展成果共享的实现。这主要表现在以下两个方面：

第一，政府职能的"越位"。由于受到传统计划经济的影响，全能政府的思想和做法在一定范围内还存在，政府既是公共文化服务的管理者又是主办者和直接参与者，事无巨细，统统包揽，成为"全能政府模式的习惯性越位"。② 这种由政府直接提供公共文化服务的模式，通过垄断经营性文化市场，阻碍了市场配置文化资源的活力，导致民间资本缺乏公平均等的机会投资文化和经营文化，造成了文化资源的闲置和大量流失。同时由于垄断市场，实行"自上而下"的公共文化管理和

---

① ［美］乔治·弗雷德里克森：《公共行政的精神》，中国人民大学出版社2003年版。
② 刘日：《政府职能定位与履行视角下的公共文化服务体系建设问题》，《安徽行政学院学报》2010年第1期。

决策机制，公民对于公共文化决策的参与不足，政府不能够及时了解公民的现实公共文化需求，从而导致公共文化投资的浪费，加剧了公共文化需求与文化供给之间的矛盾，导致公共文化产品与服务的单调匮乏，失去了公共文化服务满足人民基本文化需求的实效。政府的职能是有限的，如果一味垄断文化市场，不充分调动非营利组织、私营组织等其他社会组织参与公共文化服务的积极性，就会使公共文化服务发展失去活力，很难向公众提供更好更多的公共产品和服务。

第二，政府职能的"缺位"。受传统发展观念的影响，长期以来政府往往过于偏重发展经济的职能，以经济发展程度和 GDP 的高低论政绩，因此忽视了包括文化在内的公共服务职能，在公共文化服务职能的履行上出现严重的"缺位"，造成了经济、文化和社会发展不平衡的局面。针对公共文化领域中由于传统计划经济体制遗留下来的弊病和问题，我国又进行了市场化的改革。政府通过缩减财政拨款，在不健全的市场环境中，把公益文化推向市场，让文化事业单位自己创收，使有限的公共文化资源在市场交易和竞争中弱化了非营利性和公益性的特征，逐渐成为价格昂贵的个人消费品，阻碍了公民特别是弱势群体对公共文化资源和文化发展成果的共享。

六　文化管理体制因素：公共文化决策和供给机制科学性和实效性的欠缺

改革开放以来，我国文化体制的改革和发展，围绕文化组织与政府行政部门，与社会市场系统，与组织内成员之间关系的不断调整，经历了由以"市场化"理念为主，到以"产业化"为主导特征，再到"产业"与"事业"相分化的一个渐进式的制度变迁过程，构建了适合新时期文化发展需要的新型文化体制框架。党的十八届三中全会指出，推进文化体制机制创新，要坚持以人民为中心的工作导向，坚持把社会效益放在首位、社会效益和经济效益相统一，以激发全民族文化创造活力为中心环节，进一步深化文化体制改革。然而，在我国文化体制改革和构建新框架的过程之中，文化特别是公共文化仍然存在着管理决策的滞后性，以及公共文化服务供给缺乏科学性和实效性等问题。这主要表现在以下三个方面：

第一，政府公共文化管理体制滞后。受传统计划经济的影响，我国公益性文化事业仍由政府包办，公共文化资源和公益文化活动都由政府掌握和规划，政府脱离或者是半脱离市场，按照行政体制运作和管理公共文化事业。政府既是公共文化的监管者又是公共文化的承办者，管理权和经营权合一。在这样的管理体制下，文化条块分割现象十分严重，导致文化经营管理单位众多，造成有限的文化资源重复建设严重，闲置和浪费的问题突出，直接影响到公共文化服务的实效性。同时，还存在着一些文化单位企业利用与行政机构的传统联系和企业特殊的社会公益性质和意识形态功能，垄断公共文化资源和市场，从中谋取暴利。这一传统的文化体制，在当前人民群众日益增长的文化需求下，已经凸显了其不能满足人民精神文化需要的滞后性。

第二，公共文化服务的决策和供给体制缺乏科学性和实效性。由于公共文化服务供给和运作方式是通过自上而下设置的文化机构作为提供主体，形成了部门化的文化管理体制，以管制和控制为主要理念，使公共文化服务"管理"多于"服务"，仍然倾向于是一种行政化的管理。在这种体制下，形成了自上而下的公共文化服务的决策和供给体制。公共文化产品和服务的决策权和供给权在各级政府，各级政府依据偏好和政绩需要，来决定公共文化产品和服务供给的内容、数量和质量，而无视或者忽视人民的现实文化需求。在公共文化产品和服务供给的决策、运作和监督中，人民群众缺乏对公共文化产品和服务的需求表达机制，缺乏在公共产品和服务的供给决策中表达自己意志的机会和权利。这种自上而下的管理和供给体制，不能真正满足人民群众真实的文化需求，导致政府公共文化服务的无效供给，造成了公共文化供给结构失衡和大量公共资源的浪费。很多政府把见效快、易出政绩工程等短期文化项目作为公共文化资金的主要投入方向，只注重文化服务的基础设施建设，却忽视管理和使用，把设施建设当作了公共文化建设的终极目标，而对于公众文化能力的培育和公众多层次的文化需求的满足，则并不关心或者关注较少。在这种情况下，公共资金的投入和公共文化服务的开展，并不能够得到公众的认可和喜爱，公众的参与度也是极低，这导致了公共文化服务没有达到真正满足人民基本文化需要的效果，公共文化的服务的实效性十分欠缺。

第三，公共文化服务缺乏有效的法律和制度保障。从制度上来看，我国公共文化产品和服务的供给机制不健全，缺乏鼓励公共文化产品和服务供给的法律和制度保障。目前我国对公共文化有约束力的法律法规只有两部，即《公益事业捐赠法》和《公共文化体育设施条例》。其他有关文化管理和文化产业发展的规章，基本上都是由政府的行政主管部门制定并以政府的名义发布的，法律效力层次低，无法构成对公共文化建设的有力支撑，导致公共文化服务体系建设缺乏坚强的法律支持。同时，公共文化产品和服务的供给还没有成为政府行为与绩效考核的硬性约束，而更多的只是停留在口头宣传上。很多政府重经济职能的履行，忽视文化职能的履行，使公共文化服务缺乏有效的制度保障。

第五章　西方主要发达国家分享文化发展成果的模式及经验启示

对于不同范围的群体来说，享受文化发展成果，具有典型的经济学上"公共物品"的特性。公共文化产品和服务的提供是公民分享文化发展成果的重要方式和途径。作为一定经济社会发展的产物，公共文化服务是以经济社会发展的水平为基础，以保障公民基本文化权利为出发点和归宿的。尽管西方发达国家并没有"公共文化服务体系"的术语使用，但是注重公民基本文化权利，保障公民平等分享文化发展成果一直是西方国家文化管理和服务的中心内容。在长期的文化实践中，西方发达国家积累了丰富的保障公民平等分享文化发展成果的经验，形成了各具特色的公共文化服务模式，这对于我国文化成果共享机制的构建具有重要的借鉴意义。

第一节　西方主要发达国家分享文化发展成果的模式分析

20世纪80年代以来，在新公共管理和新公共服务理论的影响下，西方各国就公共文化管理体制和政府职能进行了调整和转变，更加强调"公共服务"理念，以保障公民的文化权利。下面就以西方主要发达国家的公共文化服务模式为考察对象，深入分析其公共文化服务运作模式的历史与现实，从而提炼出可供我国参考的理论借鉴和现实启示。

一　公共文化服务的概念界定及相关理念

公共物品的生产理论起源于西方发达国家，并在具有成熟市场的国家获得了充分的理论发展。所谓公共服务是指为了满足社会公共需求，由全体公民共同消费与平等享用的、主要由政府和公共部门等提供的公共产品和服务。虽然由于基本国情、经济体制模式和历史传统的差异，世界各国的公共服务体系的发展呈现不同特点和有个性差异，但公共服务在基本特征上呈现出了一定的共性。一是普惠性，强调公共服务的范围要广，应面向全社会，对全体公民实行普遍的公共服务，每个公民都享有公共服务的权利。二是公平性，强调公共服务的价值基础是社会正义和平等，要求实现全体公民都能够公平便捷地享有公共服务。三是动态性，强调公共服务的发展和变化，公共服务随着经济社会发展水平的变化而发展变化，具有阶段性特征。

作为现代公共服务的重要组成部分，公共文化服务是指为了满足公共文化需求，由政府或者公共部门提供的包括公共图书馆服务、公共博物馆服务、社区文化服务、各类公共文化信息平台建设等内容的各类文化产品和服务的总称。伴随着经济社会的发展，公共文化服务自身也不断发展和变化，经历了一个发展过程。以西方发达国家的公共文化服务发展来考察，公共文化服务主要经历了三个发展阶段：一是文化管理和服务的"无政府状态"。在第二次世界大战之前，并没有出现真正意义上的现代公共文化服务。由于经济发展水平的限制，政府提供的公共服务还主要是为了满足人们的基本物质需求，而对于文化需求的满足政府则比较忽视，并没有把文化发展提到政府预算安排上，因此在文化领域的管理基本处于"无政府状态"。二是现代文化管理体系的确立。随着经济社会的发展，为政府改善和发展公共文化服务提供的充分的财政支撑，同时伴随着经济增长出现的人们精神文化需求的增长，以及文化权利要求得到实现和保障的发展趋势，西方主要发达国家在二战后，纷纷加大文化投入，注重公共文化发展和建设。其中标志性的事件是，1959年法国成立的法国文化部，这是历史上第一个中央文化管理机关，是文化服务被纳入政府行政范围的标志。与此同时，各种公共文化组织和机构不断形成和发展，现代文化管理逐渐成为一个涉及面广泛的公共管理领域。三是文化管理与服务的调整和改革。20世纪80年代以来，随着发达国家进入后工业化时期以及公民社会的兴起和新公共管理、政府再造等思潮的出现，公民对于文化需求的剧增，西方各国不同程度地进行了文化管理体制的改革和调整，强调公共文化管理体制向以强调"公共服务"的理念转变，政府职能向以提供更多"公共文化服务"转变，以满足公民的文化权利。

文化权利理念和文化公平理念是公共文化服务的逻辑起点和理论归宿。作为人权的重要组成部分，文化权利于 1948 年联合国大会通过的《世界人权宣言》中，被作为公民的尊严和人格自由发展的不可缺少的重要组成，并于 1966 年通过的《经济、社会和文化权利国际公约》中得到集中表达。此后伴随着"全球主义"和"文化的全球政策"的兴起，联合国教科文组织于 1982 年召开的世界会议，提出并通过了《世界文化发展十年规划》。上述权威国际组织及其形成的权威国际性条约和规定，使文化权利理念在全球范围内被普遍关注和重视，保障文化权利，制定公共文化政策，提供公共文化服务也成为各国政府文化管理和发展中最核心和最基本的价值理念。在文化权利理念深入人心的趋势下，公民平等享有文化服务和文化福利的文化公平理念也逐渐成为民众的追求与共识。人人有权参与文化政策制定和文化管理，人人有权平等分享文化发展成果，享受基本文化服务，谋求文化发展，成为实现文化公平的重要体现。在上述理念的影响下，西方各国都将公民平等享有基本公共文化服务作为文化政策的重要理念。为公民提供包括公共图书馆、博物馆、广播电视、报纸杂志、网络等公益性文化服务成为各国政府公共文化服务的重要内容。提供公共文化产品和服务，拓展公民文化参与，满足公民文化权利，实现文化公平贯穿于各国政府文化政策的制定和文化举措的实施全过程，这进一步推动了西方发达国家公共文化服务的改革与发展。

由于历史传统和现实国情的不同和差异，西方各国形成了具有本国特色的公共文化服务制度与模式，从整体上看，主要有三种公共文化服务模式：

第一种是以法国为代表的"政府主导"模式，又称"单元式"文化行政模式。这种模式的突出特点是对于文化的管理主要由各级政府的文化部门负责，公共文化服务由各级政府文化部门提供，政府在公共文化建设中起主导作用。政府主导作用主要体现在强调宏观管理，通过对文化事业进行规划和审查，积极引导文化事业的发展。第二种是以美国为代表的"民间主导"模式，又称"多元式"文化行政模式。这种模式的突出特点是政府以政策法规营造良好文化环境，依靠社会力量调节文化事业。通过鼓励各类文化团体或机构的发展，支持非政府组织（NGO）或非营利机构（NPO）等民间文化机构间接管理文化事业、提供公共文化服务。政府对文化的财政投入分配由"国家艺术理事会"等准行政机构分配，同时还通过各种基金会来引导文化事业发展。第三种是以英国为代表的政府与民间共同参与建设管理的"分权共治"模式，又称"二元式"文化行政模式。这种模式的突出特点是在文化管理体制中既存在政府的集权管理又同时存在各类文化艺术基金管理组织的分权管理。对于公益性文化和易受市场冲击的文化事业，中央和地方政府专门管理，并给予其一定的保护和补贴。而对于营利性文化事业，则交由市场调节。在中央政府的监督下，建立起一些相对自主的、半官方的、专业的文化艺术基金管理组织，这些组织通过独立的分配国家文化基金的方式执行国家的文化政策。在中央政府文化行政系统之外，政府以"一臂之距"（Arm's length）的方式，对文化的管理从集中管理到分权管理。通过与民众组织共同管理文化和提供文化服务，政府将文化资源进行合理分配，以实现公共文化服务效果的最优化。

下面就分别从公共文化服务的运行和管理模式、文化资助方式、监管和评估制度和公民参与激励机制等几个方面，深入展开对法国、美国和英国的公共文化服务模式的分析。

二 法国公共文化服务模式分析及其经验借鉴[①]

（一）法国公共文化服务的"政府主导"模式

法国的文化政策以大量官方行为为基础，政府对文化发展进行引导和管理，"政府主导"是其公共文化政策的突出特点。这种公共文化政策的形成与法国的政治体制以及历史传统有着密切的关系。在国家行政体制上，法国的国家体制是介于总统制与内阁制之间。1982 年以后，法国的行政区划分为大区、省和市镇三个层次，由选举出来的议会自行管理，三级地方政府之间没有直接的从属关系。虽然在这种体制下地方

① 此部分内容已刊发在《重庆社会科学》2015 年第 1 期。标题为《构建现代公共文化服务体系：他国镜鉴与启示》。

政府能够拥有较多的文化行政自治权，但是仍然要接受中央的调控和监督，中央通过立法、行政和财政等手段对地方进行监控和管理，地方的文化自治仍要在中央政府和文化部的行政指令下进行和开展。在历史传统上，重视文化的发展和管理一直是历届法国政府的重要任务，对文化艺术的管理和资助的历史传统形成于17世纪末的波旁王朝。时至今日，法国政府仍然采取国家资助的方式支持文化事业的发展，这种强调国家和政府主导作用的公共文化政策，曾经取得了巨大的历史辉煌。

1. 公共文化服务的运行与管理

作为政府主导文化管理与运行的国家，法国政府对文化的管理主要通过三个层次的机构展开：一是中央政府文化领导机构，主要由文化和通讯部组成，通过制定政府文化政策和文化法规等管理全国的文化事务。作为中央政府文化主管行政机构，它通过向地方派驻代表，对全国的文化事业进行统一的直接管理。二是文化和通讯部直属文化单位，主要包括法国重点文化设施、文化团体和艺术院校等。这些能够代表国家水平并在国内外具有重要影响的文化单位，要接受文化和通讯部的直接领导，运行经费由政府提供拨款，行政领导由国家任命，重要决定由文化和通讯部审批。三是地方文化机构，主要包括法国各大区设立的文化局。其职能是落实政府的文化政策，制定地方文化发展规划和组织地方文化活动的开展等。

对于全国文化事业的直接管理和指导，法国文化和通讯部主要通过以下四种方式进行：一是契约管理。法国文化管理采取的行政手段和方式是通过签订文化协定实现的，通过签订文化协定这一契约形式，以保证管理目标的实现。二是中央集权管理。为实现对全国文化事业的协调管理，法国政府通过向地方派驻代表的方法，实现其文化政策和目标。如大区文化局局长是中央政府派驻地方的文化代表，文化和通讯部各司局还以"文化顾问"的名义向地方派驻代表。除此之外，文化和通讯部还向地方派遣专业技术人员，以实现地方对中央文化政策的贯彻实施与地方文化设施科学管理维护的相统一。三是直接财政拨款。由政府直接管理的法国文化事业单位，其财政上受到政府的较多支持，由政府直接财政拨款一般占全部收入的60%，同时也要接受更多政府的约束。四是立法保护。法国政府为了保护本国文化，建设了一整套文化赞助税制体系，包括《企业参与文化赞助税收法》、《文化赞助税制》和《共同赞助法》等，通过规定文化赞助的性质、范围和条件等，鼓励企业参与文化赞助活动。新任总统奥朗德尤其重视文化立法，强调以政策创新引导文化发展的理念，法国文化部在 2014 年计划推动出台《创新法》和《遗产法》，以立法形式有效地支持和促进公共文化服务体系的建设与发展。

2. 公共文化服务的资助方式

持续和充足的资金保障是公共文化服务的基础。作为政府主导型的文化治理模式，法国对文化事业的资助主要是基于国家公共财政，由政府财政直接拨款支持文化机构和文化事业的发展，其公共文化资助方式具有以下特点：

第一，政府为文化事业发展提供充足的资金保障。历届法国政府都十分重视文化发展，并将保证文化部门的财政预算和为文化发展提供充足的资金保障作为实现文化权利的前提和条件。对于一些国家文化机构和团体，政府每年给予固定补贴，政府财政资助占其全部收入的 60% 以上。对于公共文化设施与文化活动，政府也给予高额补贴，并且金额逐年增长。例如，法国政府每年都拨出几十亿法郎用于兴建图书馆、博物馆、剧场等文化设施；法国文化部通过国家图书中心，每年为出版业提供一亿多法郎的资助。在文化投资的绝对数额上，国家经费预算逐年增加投入比例，并稳定在 1% 左右，各级地方政府还要投入两倍于国家预算的资金用于公共文化建设。除了财政拨款外，中央和地方还通过减免税制度，建立相关基金来给予公共文化服务资助和投入。比如，法国文化部下辖的五个公共文化机构每年都有一笔固定税收可用，这些税收来自电影票包含的税收、图书和印刷品包含的税收、演出场地租赁费用包含的税收，2013 年这笔税收高达 8 亿欧元。通过减免税制度，这些税收都不必经过国家预算而是直接拨给这些机构，用于鼓励公共文化服务的建设和发展。

第二，政府通过直接拨款进行文化投入和支持文化发展。对于一些包括国家重点文化设施、重点文艺院团和一些艺术院校等重要文化机构，以及一些重要文化活动，法国文化和通讯部通过直接拨款的方式，扶持和资助其发展。法国政府负担了公益性文化单位所需的全部经费，如巴黎国家歌剧院等主要国家剧院，财政拨款占剧院总收入的 66%—80%。同时法国政府对于公共文化服务设施建设也十分重视，例如，法国 2007 年文化和通讯部的财政支出中，博物馆的财政支出占总支出的15.1%，图书和图书馆的财政支出占总支出的 7%，惠及民众的具体举措的财政支出占总支出的 1.5%。随着法国政府制定的"文化分散政策"的实施，地方政府在文化参与的范围和文化投入经费不断增加，在文化发展中发挥了重要的作用。这一点从 2013 年法国文化领域公共财政补助的比例上就能看出来：由法国文化部直接管辖的机构所占的可支配经费加起来，占到文化领域全部公共财政资助的 20%（38 亿欧元）。而从法国地方预算中支出的财政资助则占到了 45%（85 亿欧元），与此同时，这笔开支也占到了当年法国地方预算总额的 42.5%。①

第三，政府对文化投入的管理方式是通过合同等契约形式。法国政府为改进地区文化发展不平衡的局面而实施的文化分散政策，促使了文化和通讯部也加快了"地方分权"的步伐，大区中的地方部门拥有了更多的文化发展职责和经费，地方政府管理了三分之二的国家文化投资，同时也加强了与各级地方政府间的合同式协作。例如 1995 年至 2005 年 10 年中，政府对巴黎外省的文化投资占了总投资的三分之二，大部分重要文化设施也是建在外省，以实现巴黎与外省的平衡、城市与农村的平衡、市区和郊区的平衡的目标。在政府提供经费的同时，为确保实现政府的管理目标和投入经费的使用效果，政府与相关部门和文化单位签订各类合同，从而利用合同对政府资助的部门和单位进行管理和监督。

3. 公共文化服务的监管与评估

法国的文化政策注重提高文化知识和文化艺术，逐步完善国家文化行政管理结构和文化预算，具有高度的国家扶持特征。

第一，法国政府对地方文化事务的管理。虽然在文化分散政策的背景下，地方政府在法国文化生活中发挥着越来越重要的作用。但是中央政府并未因此疏于对地方政府的指导和管理。从 20 世纪 70 年代开始，法国文化和通讯部就开始向各省、市派遣文化局长。作为中央政府派遣

---

① Moulinier Pierre：《四十四个文化部：法国文化政策机制》，陈羚芝译，台湾五观艺术事业有限公司 2010 年版，第 37 页。

到地方的文化代表，地方文化局长受文化和通讯部和地方政府的双重领导，负责落实政府的文化政策，协调政府与地方的文化关系，制定地方文化事业发展规划，为地方文化事业提供建议，督促文化设施的运转并充分发挥作用，组织开展重大文化活动。他们通过文化和通讯部与地方政府签订的文化发展协定，确保国家和地方文化发展目标的实现。1977年法国设立的地区文化事务厅，是文化和通讯部设在大区的分部，负责博物馆、文化遗产等国家拨款的分配与提出建议和评价报告。地区文化事务厅可以作为各级政府的对话者，联合国家对诸如文化节、文化设施的建设与管理等活动进行投资。而投资的决定权在于地区文化事务厅中的顾问成员，因为地方顾问和代表更了解情况，因而具有更多的决定权。

第二，公共文化服务机构的监管和评估。作为法国文化和通讯部直属艺术机构，政府对公益性文化机构的投资额度是相当大的。如2003年巴黎歌剧院财政收入的59%来自中央政府的补贴，41%来自演出门票和其他收入，除此之外，政府还设有重要维修工程、大型设备添置更新等专项资金支持公益性文化机构的发展。重要公益性文化机构通常实行董事会领导下的院长负责制。如巴黎歌剧院的董事会由14人组成，成员有来自文化和通讯部、财政部的官员，也有社会名流和剧院的职工代表。董事会不直接参与剧院的行政管理，只行使监督职能，每年召开两次例会，审查上一年度的经费使用情况和讨论下一年度的财政预算，并商议剧院重大的发展方向。公益性文化机构的负责人由文化和通讯部部长提名，总统正式任命。其他艺术机构的负责人则是经过与地方的多次协调和沟通后，由文化和通讯部部长任命。政府对这些艺术机构不进行直接管理，只是通过行政会议和监察制度来了解各院团的经营管理情况，对之加以监督和指导。

4. 公共文化服务的公民参与

法国政府认为文化是全体公民的福利和基本权利，参与文化活动、享受文艺作品是每个人的自由和自身价值的体现，人人都应当平等地参与并享受文化成果。在强大的公共财政支持下，法国政府十分重视文化的普及，实现"文化民主"。政府采取多项措施促进文化普及活动，努力使每个公民特别是那些工资收入和社会上处于弱势地位的人能够有平等参与文化活动的机会。

第一，定期免费向公众开放由政府管理的文化设施。在法国每年9月的第二个周末，举办"文化遗产日"活动，全国各地的古代建筑包括总统府、总理府、参议院等均向公众开放。2008年萨科齐总统提出，所有博物馆向公众免费开放，以鼓励公众参与公共文化活动，进行公共文化鉴赏。

第二，注重加强学校的艺术教育和文艺活动。2006年法国教育部规定在所有初高中教材中增加艺术史的内容，以使学生在16岁初中毕业时就具备区别大众文化消费产品和艺术品的能力，培养孩子们的艺术修养。

第三，合理规范公共文化市场价格。法国公共文化市场价格，一般都要低于法国人均收入水平，比较合理。如电影院的票价平均价格6.42欧元，选购学生票或年票，价格则会更低。法国文化市场的价格反映的正是法国的文化民主精神。

第四，大力扶持群众文化活动。对于群众喜闻乐见的流行歌曲、现代音乐等文艺形式，政府给予支持和鼓励。同时积极创办文化之家、文化活动中心、大众之家等群众文化场所，支持地方政府组织的民间艺术节，以丰富人民的文化生活。

第五，实施"文化数字化"政策，提高公民公共文化参与度。2010年9月，总预算为7.5亿欧元的法国"文化、科学和教育内容数字化"工程从当年第四季度正式启动。这一工程让参观者通过点击鼠标即可轻松游历法国各地知名文化遗产、图书出版、音乐艺术等各领域，大大提高了公民文化参与度，便捷了公民对文化成果的享有。

（二）法国公共文化政策对我国的经验借鉴

法国"政府主导"的公共文化政策，强调国家和政府的主导作用，在推动公共文化发展和保障公民文化权益方面取得了巨大的历史辉煌。虽然我国在历史传统、具体国情和政府职能结构等方面与法国存在着诸多的差异，但法国在公共文化运行和管理模式、文化资助方式、监管和评估制度以及公民参与激励机制等方面积累的宝贵经验，值得我们深刻反思与借鉴，对于我国构建现代公共文化服务体系，实现文化发展成果共享具有重要的现实启示。

1. 构建政府主导的公共文化管理和资金保障机制

公共文化服务具有公共物品的性质，这决定了公共文化服务不能完全通过市场化和产业化的方式进行管理和经营。因此，政府的管理引导和充足的资金投入是公共文化产品和服务供给的基础和保障。政府通过对文化市场的调控，加强对公益性文化事业的管理和资金扶持，以推动公共文化服务的发展。政府的积极引导和资金扶持是法国公共文化服务的突出特征。如前所述，作为政府主导型的文化治理模式，法国政府对文化的管理通过中央政府文化领导机构、文化和通讯部直属文化单位和地方文化机构三个层次机构展开，并通过契约管理、中央集权管理、直接财政拨款和立法保护四种方式对全国文化事业直接管理和指导。中央政府通过向各省、市派遣文化局长监督和指导地方文化工作，以确保国家和地方文化发展目标的实现。同时，通过在公益性文化机构实行董事会领导下的院长负责制，加强对公共文化服务机构的监管和评估。在逐步完善国家文化行政管理结构的基础上，法国政府将文化发展提到国家发展的高度，不断加大文化投入和文化预算，每年投入大量的财政资金并逐年增加，在文化投资的绝对数额上，一直稳定在1%左右，各级地方政府还要投入两倍于国家预算的资金用于公共文化建设。这些文化投入主要用于建设大型文化设施、支持文化艺术生产和资助包括各类博物馆、图书馆等在内的公益性文化事业。以上公共文化管理和资金保障机制使法国的公共文化发展具有了高度的国家扶持特征。

2. 构建科学合理的公共文化资源配置机制

美国当代著名公共行政学家弗雷德里克森在《公共行政的精神》一书中指出："价值是公共行政的灵魂"，现代责任政府的一个重要价值理念是公平与公正。根据公共行政学理论，作为人类行政模式的一种，服务行政因其具有充分的公共性，以达到服务对象的满意为最高标准，是公平正义的价值取向得以真正实现的一种公共行政模式。满足公共需求和提供公共服务是现代政府的基本职能，政府通过提供基本公共服务，维护公共利益，实现公共产品和服务的供给普遍均等化，满足全体公民的公共需求，这是政府尊重公民权利和平等分享社会发展成果的重要体现。作为文化领域的社会公益性服务，公共文化服务是政府履行公共服务职能的重要内容之一，公共文化服务均等化是尊重公民基本文化权益和保障文化发展成果共享的本质要求。注重文化公平，均衡公共文化资源是法国文化政策的重要特征。如前所述，法国政府为平衡地区文化发展，在 20 世纪 80 年代密特朗总统制定的地方分权法令和文化权力逐渐下放的基础上，于 90 年代希拉克总统上任后实行了文化分散政策，对于平衡巴黎与外省的文化资源、实现文化公平和保障公民平等分享文化成果起到了至关重要的作用。

3. 构建积极有效的公共文化参与机制

当代公共服务以保护公民自由，发挥社区和非政府组织在公共管理中的作用为核心理念，倡导参与式的公共管理模式。在这一理念的影响下，世界各国文化政策发展的一大趋势就是，通过各种灵活的制度安排，建立民主决策机制，不断提高专家、非政府组织以及公民个人在公共文化服务决策中的参与程度，从而不断提高公共文化服务决策的专业化和民主化水平。促进文化普及，实现"文化民主"是法国政府保障实现文化共享的重要体现。如前所述，法国政府通过加强学校的艺术教育和文艺活动，规范公共文化市场价格，扶持群众文化活动，以及实施"文化数字化"政策等举措，提高公众的文化水平，激发公众参与公共文化的热情，使文化发挥其社会作用，以实现文化的共享和普及。法国政府通过在公益性文化机构实行董事会制，鼓励相关领域的专家和了解实际情况的职工代表参与公共文化的管理和监督，使公共文化服务决策更加专业化，也更加贴近公众，切实反映公众对公共文化服务的真实需求，推动了公共文化的民主化水平。

三 美国公共文化服务模式分析及其经验借鉴[①]

（一）美国公共文化服务的"民间主导"模式

受文化传统和经济自由主义的影响，美国政府对于文化发展采取"不干涉"态度。1791 年美国宪法第一修正案进行了文化立法，规定："国会不得制定法律剥夺人民的言论和出版自由。"这使美国形成了国家行政和立法机构在文化政策上很少干预的历史传统。在行政体制上，

---

① 此部分内容已刊发在《学术论坛》2013 年第 10 期。标题为《反思与借鉴：美国公共文化政策对我国文化发展成果共享的现实启示》。

国家不设置文化行政管理部门，也不干涉文化的传播与交流。对于文化事业的支持，主要通过国家给予艺术机构、艺术家的私人捐赠和赞助等实行免税政策，以及政府通过政策法规为文化发展营造良好的发展环境和提供有效的法律保障。而各类文化团体和机构的生存和发展则是取决于在市场中的竞争力及其对公众的吸引力。这种将文化艺术活动放置于市场经济和民间社会中的发展模式，在实现文化资金来源多元化和文化服务主体多元化方面，在提升公共文化服务质量和公众参与度方面取得了诸多的成绩。美国公共文化运行和管理模式、文化资助方式、监管和评估制度和公民参与激励机制等都值得我们深刻反思与借鉴。

1. 公共文化的运行与管理

美国公共服务的提供与美国的国家体制和特点相关。作为联邦制的国家，美国政府结构由联邦政府、州政府和地方政府三级组成。虽然按照美国宪法规定，政府权力要在联邦政府和州政府之间划分，但随着社会的发展，州政府对地方政府的实际控制能力越来越有限，联邦政府经常取代州政府行使某些职权。这一体制决定了美国地方政府承担了大部分提供公共服务的职责。美国联邦政府同时规定了提供公共服务坚持的三个原则：一是通过市场机制作为连接非政府部门和政府部门的中介，政府确定的公共服务目标可以通过非政府行政部门的力量完成，不必政府行政部门亲自参加和干预。二是提高公共服务的生产效率的关键是公共服务的供给者要存在竞争，在竞争中共存，而不是垄断。三是消费者对公共服务的选择权利。① 由于美国在行政体制上没有设立统管全国文化事业的行政部门，主要由三个政府代理机构代表政府行使部分职能，分别是美国国家艺术基金会、美国国家人文基金会和国家博物馆图书馆学会。这些机构的职能主要是代表政府向文艺团体和艺术家，人文学方面的各种研究、教育和社会活动，以及博物馆和图书馆给予财政援助和资助。

在公共服务的运行方面，美国联邦政府主要通过市场机制，将公共服务输出市场化，实现政府权威与市场交换的功能优势有机结合。在公共服务的管理方面，由于在自由市场经济下，美国的国有经济所占比例

---

① 宋世明：《美国行政改革研究》，国家行政学院出版社1999年版，第102页。

极低，基本不存在本意上的"公共部门"，国家无法通过控制公有经济来影响经济活动，由此便形成了一种以特殊的"调整"概念为中心的干涉主义。这种干涉主义即是，"在某些关键部门（运输、公共服务、能源生产与分配、银行与金融活动），企业的活动被置于联邦或地方机构的监护之下"。① 美国政府通过一定方式对企业进行管理，以实现国家宏观和微观上的管理目标。因此，美国公共文化服务的运行模式的突出特点是，在社会能自发形成需求并通过市场加以满足的情况下，国家不进行干预；在不能自发形成需求而需要进行干预的，国家也不直接介入，而是由国家委托专业团队操作。以文化基金会为例，文化基金会制已经成为西方国家公共文化部门的基本制度，美国文化基金会也是美国政府赞助艺术家和学者的最大公共资金来源。其主要功能是通过资助非营利艺术组织，与各州的艺术机构及其他地区组织建立合作基金协议，促进各州艺术形式发展，发展国内社区艺术。自 1965 年国家艺术基金会成立后，美国又相继成立了区域级的艺术机关、州级的州艺术代办处以及地方层级的社区艺术代办处等准基金机构。这种文化基金会制，有助于国家和政府通过文化基金会的中间组织，以文化协议的方式向公共文化部门发放文化基金，间接地调控公共文化部门。同时对于鼓励社会阶层和组织捐资公共文化部门，广泛吸纳社会资金，有力推动公共文化事业建设具有重要意义。

2. 公共文化资助方式

在公共文化资助方面，美国政府主要通过完善支持文化事业的经济规划和政策，通过法律支撑，通过利用市场竞争，来实现政府对文化事业的宏观调控，实现各种艺术形式和艺术团体在公平竞争中优胜劣汰，以促进文化事业繁荣。美国政府公共文化资助方式具有以下特点：

一是法律是美国政府对文化事业资助的重要杠杆。美国政府不直接控制和管理文化事业，而是通过法律法规和政策来鼓励中央和地方对文化进行投资。对于文化机构的拨款，政府不直接参与，而是通过社会中介组织开展。这些中介组织包括国家艺术基金会、国家人文基金会和国

---

① ［法］亨利·勒帕日：《美国新自由主义经济学》，李燕生译，北京大学出版社 1985年版，第158页。

家博物馆图书馆学会等，它们虽然不具有立法和管理的职能，但是却可以通过对文化团体和个人提供拨款的方式，代替政府行使文化资助的拨款权，体现政府对文化事业的支持。

二是非营利文化艺术团体是美国政府拨款的对象。这些艺术团体是从联邦政府获得免税资格的具有非营利性质的民间机构，其经营不通过市场运作，其赢利也不归个人所有。美国联邦政府提供给非营利文化艺术团体财政支持的方式是通过税制的方式。首先，美联邦税务局发行的《免税组织指南》，规定了交响乐团等九个方面的文化艺术组织享受免税待遇，以此相对增加这些非营利文化艺术团体的收入，体现政府对高雅艺术、民族艺术和文化遗产的鼓励和保护的政策。其次，美国各级政府通过实行减免税优惠，鼓励个人和企业向文化艺术组织赞助和捐款。在美国，每年 4 月底要交税，最高税率达企业利润金额的 33%。在这种情况下，如果企业和个人向公益文化事业捐款，就可以减少税收。对于企业和高收入的个体来说，以捐赠的方式贡献社会比上缴税收更具有现实意义，这极大地调动了企业和个人赞助和捐赠的积极性，使捐赠成为美国的一种风尚。

三是有限拨款是美国政府采用的资金分配方式。所谓有限拨款，是指为避免过分依赖联邦政府，文化艺术团体的资金来源不是全部依靠联邦政府机构的供给，联邦政府机构对于文化艺术团体实行有限的资金支持。在对文化艺术团体进行资助的资金分配上，要求地方政府要在地方财政中拨出相应资金与联邦政府的资金配套，同时政府对于一个资助项目的资金支出不能超过其所需全部经费的 50%。这就要求文化艺术团体还要积极向社会多方筹集资金，实现资金来源的多元化，对于调动艺术团体的积极性以及提高项目的可实施度具有重要意义。

3. 公共文化服务机构的监管制度

美国各类公共文化服务的提供主要依靠非营利组织。这些非营利组织多属于民间或半官方性质的文化组织，包括两大类型。一类是受政府委托，以推动文化事业发展，普及文化和艺术教育，促进文化交流为目的而设立的机构；另一类是行业内自发组织的机构，以交流信息，从事学术研究，维护文化界内人士合法权益为目的组成的机构。这些非营利组织的资金来源主要有三个方面：民间捐赠、政府资助和赢利活动。其中政府资助的主要做法是发包或购买服务，即政府通过项目招标方式委托非政府组织进行公共服务，政府与民间组织签订项目协议，并对其进行全程监控管理。虽然美国没有专门的法律和机构对非营利组织的活动进行规定和监管，但这并不代表美国政府对非营利组织完全不作为。由于在美国非营利组织已经发展成为一个庞大的部门，政府主要通过联邦、州和市三个层次对非营利组织进行多方面的监管，诸如登记机关、税务机关、审计机关和司法部门等政府机构，都对非营利组织有着许多严格的规定和限制，有关部门还经常到非营利组织进行监察，并对非营利组织的有关报告进行审查。美国政府对非营利组织的监管主要体现在以下三个方面：

一是在联邦层面，以税收为重点的统一监管。受法治传统的影响，非营利组织的行为必须要符合和遵守联邦和各州的各方面法律法规。但由于美国作为联邦制国家，各州的法律又各不相同，因此对非营利组织的统一监管在联邦层面的主要体现就是税收方面。联邦税务局对非营利组织的税务管理主要有三个步骤：第一步是非营利组织的自查，联邦税务局制定了非营利组织的自查标准；第二步是联邦税务局的抽查，按照每年1%—2%的比例，通过计算机对非营利组织的年度财务报告、活动项目以及资产经营损益情况进行检查；第三步是在严格审定的基础上，由联邦税务局进行下一年度免税资格的评定和认可。在这一过程中，如果发现有组织存在问题，联邦税务局将依情况采取罚款、取消免税资格等处罚措施，情节严重的，会由登记机关取消设立资格。

二是在州层面，由州首席检察官对非营利组织的财产和活动进行监管和规范。作为慈善机构的公共利益的代表，州首席检察官要经常听取公益类非营利组织关于其业务活动和财务状况的汇报，要对非营利组织展开调查和审计，以便及时发现非营利组织领导人和信托人的管理失当、转移资金甚至欺诈行为，以确保公共利益不遭到损害。

三是在非营利组织自身层面，政府积极支持非营利组织开展自我监督。由非营利组织自发、自愿成立的各种同业自律联盟，对本行业、本领域的非营利组织进行约束和监督，监督的重点是非营利组织如何使用所募集的捐款。这些机构的活动内容主要包括进行信息交流、非营利组织评估和公共政策研究等，通过这些活动内容提高非营利组织的透明度和公众的认知度，保证整个非营利组织领域健康发展。这种非营利组织的自我监督，有利于降低政府监管成本，政府对其采取的是积极支持的态度，甚至在对非营利组织监督时还要援引这些机构的相关材料和数据。

4. 绩效评估与公民参与激励机制

为了确保公共文化服务体系有效运作，实现预期目标，减少陷入风险和危机的可能性，公共文化服务的绩效评估及安排十分关键。然而，受到公共文化服务受益者的实际收益额难以确定的影响，以及时间滞后性等因素的影响，每项公共文化服务的确切效果难以度量，这造成了公共文化服务绩效评估具有较大的难度。在长期的实践中，美国政府的绩效评估经历了两个时期，设置了四个不同层次的绩效目标。从历史发展来看，美国政府的绩效评估经历了效率评估和结果评估两个阶段。效率评估是以产出、效率为评估焦点，其发展起始于20世纪50年代的绩效预算，后经60年代中期至70年代的计划规划预算、零基预算，特别是在生产率改进运动达到高峰以后，效率评估的成本收益分析被广泛用于绩效评价中。结果评估是以结果为评估焦点，其形成是20世纪80年代全面质量管理运动的直接产物。受到"重塑政府"运动的影响，美国政府在评估项目中突出强调了对结果、质量和顾客满意的关注，并于1993年颁布了《政府绩效与结果法案》，从法律高度确定了美国绩效评估的价值取向，确立了以质量、结果和顾客满意度为核心的基准化绩效评估。根据这部法律，联邦政府所有部门都要建立和实施绩效管理系统，联邦各文化机构绩效管理包括绩效战略规划、年度绩效计划和年度绩效报告三个大项。绩效战略规划是要明确机构的功能、总体目标、实现途径和评估方法。年度绩效计划涉及建立绩效目标、建立绩效评估指标体系和进行框架比较等更为具体的内容。年度绩效报告则是对绩效目标实现情况的综述。[1]

美国政府的绩效评估程序开发设计主要通过专家学者的力量和非营利组织机构自身或者与议会合作设计，在绩效评估实践中主要根据具体情况设置绩效底线、预期目标、牵引目标和基准四个层次的绩效目标。

---

[1]　高小平等：《美国政府绩效管理的实践与启示》，《中国行政管理》2008年第9期。

在推行绩效管理的过程中，美国政府也充分考虑到工作的难度，强调先行试点，再逐步推进，逐年增加绩效评估的试点机构，在实践中总结经验并不断改革，以保证绩效评估的实效性。

提高公民的参与率是美国公共文化政策的主要目标。参与率是参与有效性的体现，而公民对于公共文化服务的参与程度和参与办法则取决于政府的主导作用。为了提高公民参与率，确保参与的有效性，美国政府通过法律框架向社区和服务的提供者提供技术支持指导和有效监管，进行相关的制度设计。社区组织是美国政府为确保社会力量和个人参与公共文化服务的重要组织，为艺术的发现创造机会是社区艺术代办处的主要任务。社区艺术代办处通过组织展现其社区内的艺术和艺术家的节日庆祝活动，通过为艺术提供展览空间和销售渠道，通过将艺术作品投入生产，通过为社区展示具有吸引力的艺术品，通过为创作活动提供住房条件，通过确保社区内的多种文化都有机会被居民接触等工作①，为艺术的发现创造机会，为公民参与公共文化生活提供基本保障。

（二）美国公共文化政策对我国的经验借鉴

美国"民间主导"型公共文化服务模式，强调公共文化服务多元化、市场化和社会化的发展，政府在国家文化艺术管理中采取不干涉的态度，在营造平等有序的文化发展环境，调动各方面力量参与和推动公共文化发展等方面取得了诸多的成绩。虽然我国在历史传统、具体国情和政府职能结构等方面与美国存在着诸多的差异，但美国在公共文化运行和管理模式、文化资助方式以及监管和评估制度等方面积累的宝贵经验，值得我们深刻反思与借鉴，对于我国文化发展成果共享机制的构建具有重要的现实启示。

1. 鼓励企业和私人赞助，建立多元化的公共文化资助模式

随着有限政府、责任政府理念的推广，以及公共财政有限性的现实情况，积极鼓励企业和私人等社会赞助公共文化事业，成为当代文化政策和政府文化行政管理的一个重要趋势。在美国，鼓励企业和私人等社

---

① 转引自詹姆斯·海布尔伦《艺术文化经济学》，中国人民大学出版社 2007 年版，第301 页。

会赞助，实现文化发展融资多渠道化，是美国政府丰富公共文化产品和服务的重要途径。美国的公共文化资金来源中，不仅包括联邦政府以及州和市镇政府对文化事业提供的资助，而且还包括公司、基金会和个人对文化艺术团体进行的捐赠，且其数额远远高于各级政府的资助。以美国的博物馆为例，美国的私立博物馆占博物馆总数的比例超过60%。在公立博物馆中，每年向政府申请的经费不到博物馆经费的20%，个人或组织对博物馆的捐款则高达30%以上。这种社会积极参与公共文化事业格局形成的重要原因在于美国拥有健全的法律保障。例如1917年美国联邦税法就明文规定对非营利性文化团体和机构免征所得税，并对向非营利性文化团体捐款的美国纳税人，相应减少纳税额。此后，1965年通过的《国家艺术及人文事业基金法》又进一步明确了美国政府每年对文化艺术相当比例的资金投入，以确保文化事业的发展具有充足的资金支撑。因此，通过利用法律法规来鼓励各级政府和企业团体以及全社会对文化艺术进行支持，实现文化融资多渠道化，是美国政府支持和推动公共文化事业的重要手段。

2. 促进公共文化服务主体多元化，形成公共文化服务供给社会化的格局

公共文化服务的数量、质量和效果，很大程度上取决于公共文化服务的主体。从国际经验上看，公共文化产品的供给主体包括国有公立文化机构、混合经济形式的文化机构和私立机构三种类型。随着公共文化服务社会化和市场化的发展，公共文化服务的"共同治理"模式，促使社会力量参与公共文化产品与服务的提供，出现了介于政府行政部门与市场商业部门之间的"第三部门"，即非政府组织和非营利组织。这些组织作为政府、市场之外的第三支社会中间力量，其存在是对政府、市场的补充和平衡，是推动传统治理模式转型的重要力量。美国的公共文化服务的提供很大程度上就是依靠非政府组织和非营利组织。如前所述，由于美国没有专门的文化管理部门，美国的公共文化服务主要由美国国家艺术基金会和国家人文基金会这两个组织来提供，并且这两个基金会的出现方式是资助方式而不是行政领导方式。同时，美国通过税收等法律和政策手段，积极鼓励民间性质的组织参与公共文化。以图书馆为例，对于图书馆的管理，美国政府不直

接参与，而是委托给具有民间性质的美国图书馆协会，其负责决策和协调所有图书馆服务及其他事项，这些举措推动了美国公共文化服务供给社会化的格局的形成。

3. 以公民满意度为导向，建立科学有效的公共文化服务绩效评估体系

20 世纪 70 年代以来，随着"新公共管理"潮流的出现，公共文化部门在管理改革过程中出现了一种新的取向，即通过改善政府机制和开展公众满意度调查等方式，以公民满意度为导向，制定绩效评估指标，提高公共文化机构运作的有效性。公共文化服务的绩效评估指标主要有：效率，关注的是公共文化资源投入与产出的比例关系；效果，通常指公共文化服务实现标的程度，是衡量公共文化服务的重要指标；公正，指接受公共文化服务的团体和个人都受到公平的待遇以及社会弱势群体能同等享受公共文化服务的补偿机制。公共文化服务的绩效评估体系十分注重绩效评估过程的完整性，通常包括事前沟通，制定考核标准，实施考核，考核结果的分析、评定，反馈、控制等五个阶段。20世纪 80 年代以来，美国形成的以结果为焦点的结果评估，坚持以质量、结果和顾客满意度为核心，以公民满意度为导向，要求绩效评估要以公民为中心，以公民满意为服务绩效的终极标准，增强了公共文化部门的服务导向，较好地回应了社会公众的文化需求，切实改进了公共文化资源配置效率，有利于建立公众、公共文化部门和政府三者间的约束和监督框架，提高公共文化服务的实效性。

四　英国公共文化服务模式分析及其经验借鉴
（一）英国公共文化服务的"分权共治"模式

1. 英国公共文化服务的分权

分权原则是由英国哲学家洛克首先提出，所谓分权，即权力分立，是指国家权力在合理分割成若干部分的基础上，由宪法将权力授予不同的国家机构（部门）和不同的人民所执掌。伴随着新公共管理运动的开展，1988 年英国政府发表了《改变政府管理：下一步行动方案》白皮书，推动了英国公共服务理论与原则向以结果为本的新理念转变，使得英国公共文化管理体制带有了联邦制的色彩，在公共文化管理上具有

了分权的特征。

（1）英国公共文化服务的分权化管理体制

在英国的文化政策与文化管理中，为了避免政府对文化艺术领域过多的行政干预，更好地发挥国家在文化行政部门的主导作用，英国对文化事业进行监管的同时，将对文化艺术的介入建立在市场和私人捐赠基础上，在中央政府文化行政系统之外，建立相对自主的、半官方的、专业的文化艺术基金管理组织，并通过独立地分配国家文化基金的方式执行国家的文化政策。在这种具有明显分权特征的文化政策指导下，英国公共文化服务形成了三级的分权化管理体制：一是中央一级，包括中央政府和地方政府的文化行政部门，统一管理全国的文化事务，负责制定公共文化政策和掌管财政拨款。二是中间一级，包括由各类文化艺术委员会组成的非政府文化组织，在接受政府文化行政部门委托的基础上，负责执行政府的公共文化政策，具体分拨政府的财政文化拨款，并对各类文化协会、文化组织执行公共文化政策与提供公共文化服务的情况进行监督和评估。三是基层一级，包括各类行业性的协会组织和基层文化机构，负责国家公共文化政策的具体实施，在接受财政文化拨款的基础上给公众提供公共文化服务。上述三级文化机构的设置坚持既相对独立又紧密合作的原则，在机构设置上彼此之间没有垂直行政领导关系，具有相对独立性，在公共文化政策的制定、执行与经费划拨上相互协调，进行紧密合作。这种分权化的公共文化管理体制，既能够通过具体拨款的方式实现政府的公共文化政策与管理目标，又能够推动各地区根据自己的特点管理和发展公共文化，积极发挥地方政府和非政府文化组织的重要作用，从而有利于维护公共文化政策的连续性与保障公共文化资源分配的公正性。

（2）英国公共文化服务的两种分权向度

在分权化的公共文化服务管理体制下，为了更好地与非政府文化组织、基层文化机构进行合作，共同管理公共文化事业和提供公共文化服务，英国政府对公共文化服务的管理采取了"垂直分权"与"水平分权"两种分权向度：一是"垂直分权"，即为了均衡分配政府之间的公共文化管理责任，在中央政府统一管理的前提下，具体行政管理部门和各级地方政府负责部分公共文化管理责任。这种分权方式主要是处理中央政府与其所属行政部门和各级地方政府的纵向分权关系。一方面，中央政府文化管理部门负责公共文化政策的制定与实施，承担部分公共文化拨款的责任；另一方面，地方政府文化管理部门负责具体公共文化事务的管理与出资，负责扶持与资助地方公共文化的发展。例如，在英格兰、苏格兰和威尔士，地方政府用于艺术、博物馆和图书馆的总支出超过7.5亿英镑，已经超过了中央政府在同等级别其他领域的支出。① 这说明在适度分权的前提下，地方政府对公共文化的扶持与资助发挥着越来越重要的作用。二是"水平分权"，即为了避免过多的政府行政干预，保证文化管理的专业性与公正性，在政府的宏观管理前提下，公共文化政策的具体设计、策划与实施，文化资金的具体分配等公共文化事务，由介于政府与具体文化单位之间的非政府文化组织来负责。这种分权方式主要是处理各级政府与非政府文化组织的横向分权关系。一方面，各级政府委托各类非政府文化组织提供公共文化政策设计与咨询，策划公共文化政策实施与划拨政府文化拨款；另一方面，各类非政府文化组织由中立专家组成，独立履行其职能，与政府不具有隶属关系，虽然接受政府的委托具体管理公共文化事务，但是仍然保持着自身的独立性。上述"垂直分权"与"水平分权"两种分权方式，通过采取政府对公共文化拨款的间接管理模式，探寻政府在公共文化服务管理的"不能不管"和"不能多管"之间达成平衡，有利于提升英国公共文化服务的效能，有力推动了英国公共文化服务的持续发展。

2. 英国公共文化服务的共治

共治是英国公共文化服务的重要特点，是英国公共文化服务分权的直接目标。所谓共治，即通过建立现代公共文化服务体制，形成政府与非政府文化组织的共同治理结构。具体来讲，就是为了体现公共文化服务的公共性特征，满足公众多层次的文化需求，通过发挥非政府文化组织的独特作用，实现公共文化服务资助主体与供给主体的多元化，实现政府与非政府组织在公共文化领域的密切合作与共同治理。在分权化的公共文化服务管理体制下，英国公共文化服务在基本原则、资助方式、运营模式、机制创新等方面都凸显了共治的特征。

---

① 范中汇：《英国文化》，文化艺术出版社2003年版，第94页。

（1）英国公共文化服务的基本原则："一臂之距"原则下政府与非政府文化组织的共治

在公共文化事业的管理上，英国奉行政府与非政府文化组织共同治理的"一臂之距"基本原则。所谓"一臂之距"，其原意是指在队列中与要与前后左右的伙伴保持相同的距离。将这一概念引入公共文化服务领域，具体是指通过委托非政府文化组织贯彻国家文化政策、提供公共文化服务，从而保持政府公共文化管理部门与具体公共文化事业之间一定的距离。在"一臂之距"基本原则的指导下，英国形成的公共文化服务模式具有典型的政府与非政府文化组织合作共治特征：一方面，英国政府公共文化管理部门只负责宏观的文化政策指导与财政拨款，而不干涉具体的公共文化事务；另一方面，非政府文化组织代表政府管理公共文化事务和分配公共文化资源，与政府文化管理部门保持"臂距"的原则独立运行，同时要接受政府与议会的监督，具有准政府机构的特点。例如，在英国，大部分艺术委员会必须直接向文化部长汇报，而大多数政府部门在分配文化资金时的做法和艺术委员会是一样的。[1] 英国公共文化服务的"一臂之距"基本原则，推动了政府与非政府文化组织的合作共治，其优点在于：一是有利于提高公共文化服务管理的效率。"一臂之距"基本原则减少了政府对公共文化事务的直接管理，能够加强对公共文化资金使用的监督，提升公共文化服务的供给效率。二是有利于公共文化资源分配的合理与公正。"一臂之距"基本原则避免了党派政治倾向对公共文化政策的影响，通过这种"懂行的外行人"制度以避免特殊利益集团的干扰和政府部门的任人唯亲是卓有成效的。[2] 三是有利于满足公众对公共文化服务的多层次需求。"一臂之距"基本原则下，公共文化服务的具体运营和供给由各类非政府文化组织负责，有利于提升公共文化服务的质量与层次。

---

[1]　J. O'Hagan, *The State and the Arts: An Analysis of Key Economic Policy Issues in Europe and the United States*, Edward Elgar, Aldershot, 1998.

[2]　A. Galligan, *The Politicization of Peer-Review Panels at the NEA*, in J. Balfe（ed.）, Paying the Piper: Causes and Consequences of Art Patronage, University of Illinois Press, Chicago, 1993.

（2）英国公共文化服务的资助方式："多元化"模式下的政府与社会共同资助

公共文化事业的蓬勃发展需要充足的资金支持，在英国公共文化服务的资助中，政府发挥了重要作用，承担了赞助者角色，同时还积极鼓励企业和社会人士赞助公共文化事业，形成了政府与社会共同资助的"多元化"模式，使英国公共文化服务具有了典型的政府与社会共同建设与扶持的共治特征：一方面，政府通过非政府文化组织实现对公共文化服务的财政资助。这种政府资助的特点在于，一是政府的资助不是直接对基层文化机构提供资金支持，而是要借助非政府文化组织具体划拨财政拨款来实现，政府通过具体拨款方式协调非政府文化组织对公共文化事业的管理，从而实现国家公共文化政策的目标和支持重点；二是政府对公共文化服务的财政资助是有限的、有条件的。政府的资助一般只占公共文化机构收入的30%左右，其余部分的经费来源，政府则鼓励公共文化机构争取社会赞助与自己创收。同时，英国政府对公共文化服务的资助也是有条件的，政府的财政拨款不是固定的，而是引入竞争机制，在借助艺术委员会对公共文化机构与团体的监督与评估的基础上，对于那些评估效果较好的公共文化机构进行再次资助。另一方面，政府通过成立企业赞助艺术联合会和发行国家彩票等多种方式积极鼓励社会赞助和支持公共文化事业，实现公共文化服务融资的多渠道化。一是通过成立企业赞助艺术联合会，动员和鼓励企业投资公共文化事业。1984年10月，英国中央政府出台《关于刺激企业赞助艺术的计划》，实行政府"陪同投入制"。当企业第一次赞助文化艺术事业时，政府按1:1的比例陪同投入（即企业出1英镑，政府也出1英镑）；当企业第二次赞助文化艺术事业时，政府则按1:2的比例增加陪同投入；如果企业连续三年以上赞助文化艺术事业，政府则按1:4的比例增加陪同投入。二是通过发行国家彩票，动员和鼓励全民投资公共文化事业。国家彩票为英国公共文化事业的发展开辟了重要资金来源，所有希望得到赞助的各类公益文化事业等机构、团体和个人均可提出申请，在政府宏观调控下，彩票收入由政府文化、新闻和体育部按一定比例分配给地区各级艺术协会、文化遗产基金会等公益文化机构，用于公共文化事业发展。英国艺术委员会在2010—2015年对公共文化的资金分配预算规划中，财政补助金的金额下调比较明显，从 2010—2011 年度的 4.487 亿英镑下降到 2014—2015 年度的 3.494 亿英镑，降幅超过 20%，而来源于彩票公益基金的投入从 2010—2011 年度的 1.414 亿英镑上升到 2.22 亿英镑，几近翻倍。[①] 这说明彩票基金对公共文化事业的投入远远超出了国家财政的投入。上述英国公共文化服务的资助方式，凸显了中央与地方、政府与社会共同支持建设与扶持的共治特征，这种资助模式既能够体现政府对公共文化的支持，高效地实现国家公共文化政策的基本目标，又能够较好地调动民间资本和社会财富支持公共文化建设，减轻政府的财政负担，开辟多元化的公共文化融资渠道。

（3）英国公共文化服务的运营模式："社会化"模式下的各类非政府文化组织共同管理

在英国文化发展的历史上，为了提高艺术的品质和专业化程度，就有封建贵族对文化和艺术赞助的传统。受这一历史传统的影响，在英国公共文化服务发展中，国家主要承担了赞助者的角色，而公共文化服务的具体运营，则是在中央政府对公共文化财政拨款与支持的基础上，由非政府文化组织通过建立全国公共文化事业管理网络体系来负责。非政府文化组织是不以营利为目的、具有志愿性和自治性并致力于公共文化事业的社会文化组织。这些组织具有较小的垄断性和相对较大的竞争性，从而能够比较灵活地提供公共文化产品和服务。由各类非政府文化组织共同运营的"社会化"模式，使英国公共文化服务具有了典型的政府宏观指导下各类非政府文化组织共同管理的共治特征：一方面，通过具体分配政府拨款的方式，各类非政府文化组织负责资助和联系全国各个公共文化领域的文化艺术团体、机构和个人，形成全社会公共文化事业管理的网络体系。以英国的博物馆为例，作为非政府公共文化组织，博物馆和美术馆委员会下设 10 个地方博物馆协会，其通过向各个博物馆和美术馆具体分配财政拨款的方式，形成公共博物馆管理与运营的网络体系，从而有效地对全国公共博物馆事业进行管理与运营。另一方面，充分发挥各类非政府文化组织在基层公共文化服务运营中的职能

---

① 资料来源：英国文化、媒体和体育部（De-partment of Culture, Mediaand Sport, DC-MS）统计数据（www. culture. gov. uk）。

和作用。英国基层文化管理机构主要由英格兰地区的 10 个地方艺术理事会（Regional Arts Boards）和苏格兰、威尔士、北爱尔兰地区的艺术委员会组成。这些非政府文化组织通过联合本地区的地方政府、私有企业、艺术家和艺术组织，推动当地公共文化生活的改善与公共文化事业的长远发展，在基层公共文化服务的运营中发挥了重要的作用。上述英国公共文化服务的运营模式具有独特的优势，与政府供给与运营相比，能够针对不同人群提供不同特点的公共文化产品，从而更具有灵活性和多样性；与市场供给与运营相比，由于不涉及利润分配问题，更倾向于对公民文化权利的保护，从而更强调公益性。

（4）英国公共文化服务的机制创新：“民间广泛参与”目标下公共文化治理机制的构建

伴随着西方发达国家行政管理范式的发展，英国的公共文化发展模式逐渐凸显了“治理”的理念，强调提高民间组织对公共文化事务的参与权，推动了一系列公共文化治理机制的构建。所谓“治理”，按照全球治理委员会的界定，即是各种公共的或私人的机构管理其共同事务的诸多方式的总和，它是使相互冲突的或不同的利益得以调和并且采取联合行动的持续的过程。① 在“民间广泛参与”目标下，英国政府鼓励私人、商业资本参与公共文化服务，构建政府与民间组织共同合作的公共文化治理机制，这些机制主要包括：一是公共文化基金会制。这一制度是在政府对项目进行资助或企业、私人的捐助基础上而设立的非营利性文化管理机制。通过非政府文化组织与政府的合作，进一步补充政府的公共文化职能，更好地满足公众的多样化文化需求。例如 1990 年，英国文化媒体和体育部与沃尔夫森基金会之间建立的公共文化服务设施改建的项目基金会，这一基金会组织是公共部门与私人部门合作，共同资助英国公共博物馆和画廊改建工程，有效地推动了博物馆等公共文化设施质量的改善。二是公共文化托管制。这一制度是由委托人将财产委托于公共文化托管机构，并由其代为经营和管理的制度。作为一种商业信用制度，公共文化托管制是通过公益财产信托法律关系而建立的，能够进一步拓展国家公共文化资源，推动公共文化经营管理的专业化。以

---

① 全球治理委员会：《我们的全球伙伴关系》，牛津大学出版社 1995 年版，第 2—3 页。

大英博物馆为例，通过建立的文化委托管理委员会制度，以托管方式使私人艺术文化遗产转换为公共文化遗产，推动了博物馆相关文化资源的拓展和博物馆经营管理专业化的实现。三是公共文化招投标制。这一制度是在公开竞争的原则下由招标人对公共文化项目公开招标，中标人对发包者支付承包金，并按照合同规定自主经营的制度。通过保持公共文化项目原来的所有权与引入市场竞争机制，既能够推动公共文化项目经营权和所有权的分离，又极大地提高了公共文化项目的运营效率。四是公共文化有限责任公司制。这一制度是以股份有限公司制为依据，在将公共文化公司的资本分成等额股份的基础上，股东根据其出资额来承担债务责任的制度。例如，大英博物馆将现代公司制度引入公共博物馆发展领域，通过建立有限公司承担图书出版、零售、批发和许可等事务，促进了公共博物馆事业的所有权与经营权的分离，激发了公共博物馆事业的发展活力。上述英国公共文化治理机制，将现代企业管理方法与市场竞争理念引入公共文化服务领域，凸显了政府鼓励民间广泛参与的共治特征，能够正确反映公众的真实文化需求，有利于提高公共文化服务的质量和效率，推动了英国公共文化服务的机制创新。

（二）英国公共文化政策对我国的经验借鉴

英国公共文化服务的分权与共治，强调在分权化的运作模式与"一臂之距"的基本原则下，形成政府与非政府文化组织密切合作的公共文化共同治理结构，对于维护公共文化政策的连续性与公正性，提高公共文化设施的运营效率和组织效率具有重要意义。虽然我国在历史传统、具体国情和政府职能结构等方面与英国存在着诸多的差异，但英国在公共文化服务中积累的成功经验，对于我国构建现代公共文化服务体系具有重要的借鉴意义。

1. 正确界定政府的责任，采取适度的分权化运作模式

英国公共文化服务在秉承"分权"原则和"臂距"原则的基础上，采取了适度的分权化运作模式。这一运作模式，正确地界定了政府在公共文化服务中的责任，通过确立"分权"原则打破了政府对公共文化管理"统包统揽"的垄断地位，激活了地方以及基层文化艺术组织的活力，实现了政府部门对公共文化领域的宏观管理；通过坚持"臂距"原则充分发挥了非政府文化组织的作用，推动了公共文化服务运行机制

的民主化，提高了公共文化服务的质量与效率。当前，在我国构建现代公共文化服务体系的过程中，要在坚持政府的主导地位的基础上，正确界定政府的责任。由于公益性原则是公共文化服务的首要原则，政府在公共文化服务中应当承担主要责任，需要加强对公共文化服务的管理进行宏观引导。同时，在有限政府理论的指导下，政府在公共文化服务中又不能"统包统揽"，需要在适度分权原则下，积极引导社会力量加入公共文化领域，推动公共文化服务的"管办分离"与运行机制民主化。党的十八届三中全会指出，要"明确不同文化事业单位功能定位，建立法人治理结构"，"推动公共图书馆、博物馆、文化馆、科技馆等组建理事会，吸纳有关方面代表、专业人士、各界群众参与管理"。① 其核心思想就是，一方面要通过建立和完善法人治理结构，正确界定公共文化服务单位各个利益相关者的权利、义务与责任，以保障公共文化服务的公益性；另一方面通过吸纳社会各界代表和群众广泛参与，实现公共文化服务在决策、执行、监督等方面的有效制衡，以提升公共文化服务的质量与绩效。因此，正确界定政府的责任，采取适度分权化的运作模式，是实现公共文化服务高效化的必然要求，是构建现代公共文化服务体系的重要内容。

2. 发挥非政府文化组织的作用，形成多元参与的现代治理结构

公共文化服务的运营与供给过程，是一个典型的公共治理问题，公共文化服务治理结构的形成，是公共文化服务体系建立与完善的关键性制度安排。英国公共文化服务在分权化运作模式下，积极鼓励社会与非政府文化组织的赞助与参与，形成了政府、市场与社会共同参与的共同治理结构。这一治理结构，充分发挥了非政府文化组织的作用，有效保障了公共文化决策的科学性和民主性，推动形成了公共文化服务运营与供给的多元化与社会化格局。可见，充分发挥非政府文化组织在公共文化服务中的独特作用，形成多元参与的现代治理结构，有助于广泛吸纳社会资本投资公共文化领域，推动公共文化服务资金投入多元化机制的建立，有助于广泛调动社会力量参与公共文化建设，推动公共文化服务

---

① 《中共中央关于全面深化改革若干重大问题的决定》，《人民日报》2013 年 11 月 16 日第 1 版。

供给社会化格局的形成。当前，我国由于长期受计划经济体制的影响，公共文化领域中的非政府组织发展还不成熟，非政府文化组织的服务能力还有待提升。党的十八届三中全会指出："引入竞争机制，推动公共文化服务社会化发展。鼓励社会力量、社会资本参与公共文化服务体系建设，培育文化非营利组织。"① 其核心思想是，一方面要通过制定相关政策法规，积极扶持和培育非政府文化组织，降低这些组织的登记门槛，加强对他们的培训和使用，提高他们的生存、创新和组织能力；另一方要通过建立国家、市场、社会之间的良性互动机制，加强政府与非政府文化组织的合作，从而形成多元参与的现代公共文化服务治理结构。因此，发挥非政府文化组织的作用，形成多元参与的现代治理结构，是顺应世界公共文化服务体制改革新动向的必然选择，是推进国家治理体系和治理能力现代化的重要方面。

3. 秉承公共精神与服务理念，推动公民文化权利与文化公平的实现

公共精神是公共行政的核心价值，是强调在公共行政领域，公共管理者与公民要秉持和坚守民主精神、法治精神、公正精神、服务精神、自律精神和奉献精神等基本价值理念。服务理念是 20 世纪 80 年代以来形成的新公共服务理论的重要理念，是公共管理由传统的政府管理向以服务公民为中心转变的重要标志。英国公共文化服务的分权与共治，将公民置于公共文化服务体系的中心，秉持了公共精神和推崇服务理念，推动了公共文化服务的社会化发展，推动了对公民文化权利与文化公平的保护。公共精神与服务理念是现代公共文化服务的内在本质要求，也是我国构建现代公共文化服务体系的重要价值理念。一方面，秉承公共精神与服务理念，维护公民文化权利，意味着政府有责任、有义务为公民提供基本而有效的公共文化产品和服务。党的十八届三中全会指出，"建立群众评价和反馈机制，推动文化惠民项目与群众文化需求有效对接"②，只有建立以需求为导向的公共文化服务供给机制，转变传统的

---

① 《中共中央关于全面深化改革若干重大问题的决定》，《人民日报》2013 年 11 月 16 日第 1 版。

② 同上。

单一供给方式，才能有效提升公共文化的服务效能，才能切实保障公民文化权利的实现。另一方面，秉承公共精神与服务理念，重视文化公平，要求实现基本公共文化服务均等化。党的十八届三中全会指出："建立公共文化服务体系建设协调机制，统筹服务设施网络建设，促进基本公共文化服务标准化、均等化。"《建议》中进一步指出："建立基本公共文化服务标准体系，明确国家基本公共文化服务的内容、种类、数量和水平，确立国家基本公共文化服务指导标准，明确政府保障底线，做到保障基本、统一规范。"① 以基本公共文化服务均等化来推动文化公平的实现，对于促进社会公正，实现文化发展成果的人民共享具有重要意义。因此，秉承公共精神与服务理念，推动公民文化权利与文化公平的实现，是现代公共文化服务的内在精神支撑，是构建现代公共文化服务体系的重要价值旨归。

第二节　西方主要发达国家分享文化发展成果的成功经验对我国的现实启示

在新公共管理运动和新公共服务理论的影响下，西方主要发达国家自 20 世纪 80 年代以来，注重优化政府职能，主张在公共服务领域引入市场竞争机制，实现公共服务市场化运作，主张以公民为中心，更加重视普通公众的公共权利和对公共活动的民主参与。这一思想运用到公共文化领域，主要体现为西方主要发达国家以注重公民基本文化权利，保障公民平等分享文化发展成果的文化政策的实施。在长期的文化实践中，西方主要发达国家形成了各具特色的公共文化服务模式，积累了丰富的保障公民平等分享文化发展成果的经验。虽然我国在历史传统、具体国情和政府职能结构等方面与西方发达国家存在着诸多的差异，但西方主要发达国家在公共文化运行和管理模式、文化资助方式、监管和评估制度与公民参与激励机制等方面积累的宝贵经验，值得我们深刻反思与借鉴，对于我国文化发展成果共享机制的构建具有重要的现实启示。

---

① 《关于加快构建现代公共文化服务体系的意见》，《光明日报》2015 年 1 月 15 日第 7 版。

一　正确定位政府角色和职能，构建以政府为主导的公共文化管理体制

公共文化服务具有公共物品的性质，政府通过对文化市场的调控，加强对公益性文化事业的管理，履行其向公众提供公共文化服务、满足公民基本文化需求的重要职能。恩格斯指出："文化上的每一个进步，都是迈向自由的一步。"文化是人类的一种精神上的内在需求和普遍需求。作为满足人民基本文化需求的主要途径，加强公共文化服务的建设，提高建设公共文化的"文化自觉"，是我们党和政府尊重人民基本文化权益，发展文化民生，实现文化发展成果共享的内在要求。在我国，由于长期以来过于强调"增长优先"的发展战略，单纯注重经济建设中重大经济发展项目的投入，而忽视了文化尤其是公共文化等事业的发展。我国文化事业投入总量偏少，管理不善和经费投入不足成为制约我国公共文化服务发展和文化发展成果共享的重要因素。文化管理体制受到传统计划经济影响，缺乏活力和实效。文化事业支出占整个财政支出的比重较小，一直长期维持在相对比较低的水平。这势必导致公共文化服务的发展缺少科学的引导和必要的经费支撑，公共文化服务资源短缺，文化市场的产品和服务价格偏高，群众日益增长的精神文化需求很难得到充分的满足，社会成员能够分配到的文化发展成果十分有限，出现了公共文化发展与经济的发展不相适应和不协调的矛盾。面对这一现实情况，加强政府对发展公共文化的重视和管理，加大政府的财力支持是推动公共文化服务发展的基本保障。当前，要加强政府建设公共文化的"文化自觉"，把公共文化服务纳入各级政府工作和政绩考核的重要内容，推动政府文化管理体制的变革和创新，注重公共文化部门经营的公平与效率的统一，建立以结果为导向、市场化的公共文化绩效管理方法，构建科学而有效的公共文化管理体制。要建立科学合理的公共文化资金保障机制，在不断加大政府财政投入基础上，加大对美术馆、博物馆、图书馆、文化中心等公共文化活动场所建设的力度，培育良好的公共文化参与氛围。要通过制定科学的公共文化发展规划和预算，合理有效地配置公共文化资源，逐渐形成社会化、多元化，形成中央与地方、政府与市场、直接与间接相结合的资金保障格局，形成一种符合公

共经济学的财政资助方式。

二　合理配置公共文化资源，构建以政府为主导的多元化的公共文化资助模式

现代责任政府的一个重要价值理念是公平与公正。作为文化领域的社会公益性服务，公共文化服务是政府履行公共服务职能的重要内容之一，公共文化服务均等化是尊重公民基本文化权益和保障文化发展成果共享的本质要求。在我国，从新中国成立初期开始，在工业化和城市化为主导的经济发展战略指导下，我国长期处于城乡二元结构的状态。这种结构正如美国著名经济学家阿瑟·刘易斯在《劳动无限供给条件下的经济发展》的论文中所指出的，在国家一般存在着两种性质完全不同的经济部门，一种是比重较小的资本主义部门或现代部门，一种是比重庞大的自给的农业部门或传统部门。由于二者在所占比重上的差距，现代部门像一座孤岛被传统部门的汪洋大海所包围，这就是所谓的二元经济结构。在二元结构下，公共文化服务长期是一种城市偏向型的供给制度，造成了财政资金在城乡之间投向的非均衡，城乡居民在共享文化发展成果上存在较大差距。城乡公共文化资源配置的不合理和城乡公共文化服务供给的不均衡，使城市和农村的文化建设形成强烈的反差。城市居民能够享受到设施齐全、质量高的丰富多彩的城市文化生活，已进入到享受型文化消费；而农村由于文化设施比较简陋，缺乏必要配套设施，公共文化产品和服务无论在数量上还是质量上都远远低于劣于城市文化，大多数农村居民的文化活动仍单一贫乏，基本文化需求都还没有得到满足。针对这一现状，当前构建合理的公共文化资源配置机制，均衡城乡文化资源是文化发展成果共享的关键。要形成公共文化资源的合理分配和有效利用渠道，优化公共文化投入和分配结构，坚持城乡均衡、传统与现代共存，精致化与大众化并重的文化资源分配原则。要把保护弱势群体作为公共文化投入的关键，把农村和不发达地区公共文化服务作为重点，加大投入和积极扶持。正如"现代经济学之父"亚当·斯密所指出："为公共问题提供公平的解决方案，这不只是意味着要为所有的人提供同样的服务，而且意味着要为那些更需要服务的人们提供更高层次的服务。"要实现文化公平，实现文化发展成果的共享，

需要将实现农村和不发达地区的人民的文化发展成果共享前置。因为，没有农村和不发达地区人民的文化发展成果共享，就不可能真正实现全国的文化发展成果共享，就不可能实现真正的文化公平。因此，在公共文化资源配置中，更多地偏向于农村和不发达地区也是我国城乡公共文化发展不均衡的现实选择。

鼓励企业和私人赞助，建立多元化的公共文化资助模式。随着有限政府、责任政府理念的推广，以及公共财政有限性的现实情况，积极鼓励企业和私人等社会赞助公共文化事业，成为当代文化政策和政府文化行政管理的一个重要趋势。在我国，由于在市场经济发展程度以及制度环境上与发达资本主义国家存在着诸多差异，我国现行财政体制还是一种经济投资型财政体制，我国公共财政的重点还是在公益性文化设施的内容建设、功能建设和服务平台建设上给予支持。我国对公共文化资助的模式还主要是依靠政府的直接拨款，社会投资捐款所占比例较低，导致为公众提供的公共服务数量有限，质量不高。因此，借鉴其他国家公共文化资助方式的有益经验，在发挥公共财政支持文化发展的作用基础上，逐步改进资助模式，将政府直接拨款转向项目投资和购买服务等方面，逐步形成中央与地方、政府与市场、直接与间接相结合的混合资助格局，鼓励企业和私人赞助，建立多元化的公共文化资助模式，实现公共文化发展融资多渠道化。

三 促进公共文化服务主体多元化，构建公共文化服务供给社会化的格局

公共文化资源供给是公共文化服务体系建设运行的关键环节。而公共文化产品和服务供给的数量、质量和效果，很大程度上取决于公共文化服务的主体。为了弥补政府公共服务供给的不足以及质量和效率不高的缺陷，我国应借鉴西方发达国家政府与非政府组织在文化领域"共同治理"模式的经验，积极发展非政府组织等"第三部门"，促进公共文化服务主体多元化，形成公共文化服务供给社会化的格局。然而，受体制影响，长期以来我国公共文化领域没有正确处理政府与市场的关系，我国政府体制尚未实现由管制型向服务型的转变，能够承担公共文化产品和服务供给重任的社会力量还十分薄弱和欠缺。因此要推动我国

公共文化服务体系建设，就要积极扶持和培育民间非营利文化机构、文化协会及文化中介等组织，政府部门要采取鼓励发展的措施，降低这些组织的登记门槛，加强对他们的培训和使用，提高他们的生存、创新和组织能力。政府可以通过积极引导，整合民间文化资源，利用这些组织开展文化交流和艺术品征集采购，以及开展文化活动的评估和咨询等工作。只有积极开展对非政府组织的培育和扶持，充分发挥非政府组织在公共文化产品供给和服务中的组织协调作用，才能够形成良性竞争、多元互补的公共文化服务供给社会化的格局，形成政府与非政府组织在公共文化服务方面相互合作，相互补充的"共同治理"文化治理机制和框架。

2015 年 5 月，国务院办公厅转发文化部、财政部、新闻出版广电总局、体育总局《关于做好政府向社会力量购买公共文化服务工作的意见》（以下简称《意见》），明确规定了政府向社会力量购买公共文化服务的购买主体、承接主体、购买内容、购买机制、资金保障、监管机制、绩效评价等内容，对建立健全政府向社会力量购买公共文化服务机制，完善公共文化服务供给体系，提高公共文化服务效能作出重要部署。《意见》以"到 2020 年，在全国基本建立比较完善的政府向社会力量购买公共文化服务体系，形成与经济社会发展水平相适应、与人民群众精神文化和体育健身需求相符合的公共文化资源配置机制和供给机制"为发展目标，以深入推进依法行政、深化文化体制改革、转变政府职能为基本要求和手段，明确了政府向社会力量购买公共文化服务的购买主体、承接主体与购买内容，要求建立健全购买机制、综合评审机制与长效跟踪机制等政府购买公共文化服务的基本保障机制，以确保政府向社会力量购买公共文化服务公开透明、规范有效。同时制定指导性目录，要求各地各部门根据结合本地经济社会发展水平、公共文化服务需求状况和财政预算安排情况，制定本地区政府向社会力量购买公共文化服务的指导性目录或具体购买目录，并在总结经验的基础上，及时进行动态调整。① 上述《意见》中关于政府购买公共文化服务的决策部署，彻底打破了我国公共文化服务由政府和公共文化机构包办垄断的旧

---

① 《建立健全购买公共文化服务机制》，《人民日报》2015 年 5 月 12 日第 3 版。

格局，有力地推动了我国公共文化服务社会化格局的形成。因为，通过政府向社会力量购买公共文化服务，能够更好地迎合群众的现实文化需求，提升公共文化服务的实效性，从而更好地保障公民文化权利的实现，推动人民共享文化发展成果；通过政府向社会力量购买公共文化服务，能够进一步深化文化体制改革，推动政府文化管理职能的转变，构建多层次、多渠道的公共文化供给机制，促进公共文化服务主体多元化，从而更好地满足人民群众日益增长的多样化精神文化需求；通过政府向社会力量购买公共文化服务，能够引导和鼓励社会力量参与公共文化服务供给，促进公共文化服务的社会化发展，从而加快现代公共文化服务体系构建的步伐。

四　积极引入市场经济机制，创新公共文化服务治理机制

在西方新公共管理运动影响下，将委托、代理、公私合作和股份公司等市场经济机制引入公共部门，成为西方各国在公共文化领域创新公共文化服务治理机制的重要手段和方式。在西方主要发达国家公共文化服务的运行和管理过程中，将公共文化基金会制、托管制和有限责任公司制引入公共文化领域，将市场经济机制引入公共文化部门，创造性地构建起了一系列公共文化治理机制。

一是公共文化基金会制。文化基金会制是由非政府组织与国家合作，通过政府对项目进行资助或企业、私人的捐助而设立的非营利性文化管理机制。政府通过文化基金会组织，以协议的方式对公共文化部门提供基金，并以税收政策引导社会捐助公共文化部门，以此来促进公共文化事业建设。这一制度能够在政府与社会之间建立起一条良性互动的渠道，更加有效地满足公众多样化的文化需求，以补充政府的文化职能。例如1990年，英国文化媒体和体育部与沃尔夫森基金会之间建立的公共文化服务设施改建的项目基金会，是一种由英国文化部牵头的公共部门与私人部门之间联合组建的项目性基金会组织，这一组织是公共部门与私人部门合作，资助英国公共博物馆和画廊改建工程，对于改善博物馆等公共文化设施的质量具有重要作用，推动英国公共文化服务体制改革进入新时期。

二是公共文化托管制。文化托管制作为托管制的一种类型，是一种

由公益财产信托法律关系而建立的一种商业信用制度，由委托人将财产委托于公共文化托管机构，由其代为经营和管理。例如英国大英博物馆就是以私人托管方式筹建的一座国家博物馆，它通过政府的财政拨款来实施国家的公共文化政策。大英博物馆通过建立的文化委托管理委员会制度，以托管方式使私人艺术文化遗产转换为公共文化遗产，对于实现博物馆经营管理的专业化，和拓展博物馆相关文化资源具有重要意义。

三是公共文化有限责任公司制。依据股份有限公司制而形成的公共文化有限责任公司制，是在将公共文化公司的资本分成等额股份的基础上，股东以其出资额为限度承担债务责任。以大英博物馆为例，在托管理事会制度基础上，大英博物馆建立了有限公司，承担图书出版、零售、批发和许可等事务。这种将现代公司制度引入公共文化领域的做法，对于促进公共文化团体所有权与经营权的分离，在市场竞争中激发活力具有重要推动作用。

上述将现代企业管理方法引入公共文化服务领域的做法，以重视效率和产出，重视管理的科学性，以提高公共文化的运作效率为目标，注重市场需求和公众的反馈，是西方主要发达国家在公共文化领域创新公共文化服务治理机制的重要手段和方式。这些公共文化服务治理机制的创新和运用，对于提高公共文化服务的质量和效率，对于正确反映和满足公众的真实文化需求，实现公共文化服务的可持续发展具有重要意义，对于我国公共文化服务体系的建设和改革具有重要借鉴意义。

五　以公民满意度为导向，构建科学有效的公共文化服务绩效评估体系和公民参与机制

构建科学合理的公共文化绩效评估体系是提升公共文化服务有效性的重要手段。受到传统文化、国内制度建设以及整体经济社会发展水平等因素影响，我国政府绩效评估起步较晚，在20世纪90年代一些地方政府才开始试行，因此我国尚未形成成熟完善的公共文化服务绩效评估体系。主要体现在政府绩效评估缺乏法律保障，涉及绩效评估的相关法律法规还没有较好地制定；绩效评估结果利用缺乏规范化，没有将评估结果与奖惩机制和考核机制挂钩；绩效评估缺乏监督反馈机制，评估实践中带有很大的随意性，评估结果流于形式，改善政府管理和服务的作

用弱化。美国公共文化服务中形成的以质量、结果和顾客满意度为核心的绩效评估制度，对于我国具有较好的示范作用。我国应在加强相关立法工作的基础上，给绩效评估目标的合法性和绩效评估工作的顺利开展提供有效的法律保障。要建立科学合理的评估环节，保证程序的公正公平性，进一步规划评估结果的利用，以督促和激励政府相关部门调整文化政策。要以公民的参与度和满意度为重要的衡量指标，加强对公众文化需求的调查以及公众的直接互动，启动公众满意度的书面和网络调查，努力使公众服务项目可以针对不同群众有相应的服务措施。通过以上举措构建科学有效的公共文化服务绩效评估体系，对于促进政府职能转型和行政管理体制改革，对于提升公共文化服务的质量和效果都具有重要的推动的作用。

公共服务以保护公民自由，发挥社区和非政府组织在公共管理中的作用为核心理念，倡导参与式的公共管理模式。在我国，受体制因素和传统文化建设观念的影响，公共文化服务的公众参与度和实效性都比较低。在自上而下的公共文化服务的决策和供给体制下，公共文化产品和服务的决策权和供给权在各级政府，各级政府依据偏好和政绩需要，来决定公共文化产品和服务供给的内容、数量和质量，而无视或者忽视人民的现实文化需求。同时我国文化事业建设中一直过分强调文化的思想教育功能，致使在文化传播手段和表现形式上采取了单向的灌输的方式，政府所提供的公共文化产品的新形式、新内容较少，缺乏广大群众喜闻乐见、丰富多彩的文化产品。而受公众表达渠道不畅和群众参与度欠缺的影响，公共文化服务提供主体与受众缺乏有效沟通，公共文化服务内容和形式不受群众欢迎和喜爱，出现了公共文化生产与消费相脱节和公共文化服务供给中供需之间的矛盾。当前，构建有效的公共文化参与机制，调动公民参与公共文化的积极性，是增加公共文化服务活力和生机的重要举措。要把保障公民文化权利作为公共文化政策制定的核心，公共文化服务的供给要以公民真实的文化需求为导向，积极调动社区、非营利组织和公民个人参与公共文化的积极性，通过完善信息收集、分析和反馈机制，对群众的文化需求作出准确和迅速的判断，以贴近现实和民众的文化消费偏好，增强公共文化服务的实效性。要将公共文化服务与信息化有效融合，利用大众传媒和互联网等传播和发展公共文化。通过实施文化信息资源共享工程、国家数字图书馆推广工程、公共电子阅览室建设计划等重大数字文化工程，为公民参与公共文化提供更为便捷的平台，共享文化资源。

第六章 我国文化发展成果 共享的机制设计

　　作为最基本和最初级层次的文化权利，社会成员能否公平分享文化发展成果和占有文化资源是尊重公民基本文化权益，实现文化公平，促进社会和谐的重要标志。随着我国文化事业的发展，在文化产品和成果总量不断增长，文化供给能力不断提升的背景下，如何创造更多机会和有利的条件，为公民公平分享文化发展成果提供可靠保障，成为当前我国文化民生建设所面临的一项重要课题。当前，在我国文化事业建设和发展中，要坚持把社会效益放在首位，坚持文化产品的生产和供应最大限度地体现人民性和公益性，积极发展公益性文化事业，加强公共文化服务。正如党的十七届六中全会通过的《中共中央关于深化文化体制改革推动社会主义文化大发展大繁荣若干重大问题的决定》（以下简称《决定》）中所提出的："加强公共文化服务是实现人民基本文化权益的主要途径。"① 中共十七届六中全会第二次会议上胡锦涛又进一步指出，发展公益性文化事业是社会主义制度下保障人民基本文化权益的基本途径，是实现文化发展成果由人民共享的制度保障。因此，积极发展公益性文化事业，建设公共文化服务体系，保障社会成员能够享有充足的公共文化服务，是文化民生精神的重要体现，是实现文化发展成果共享的基本途径。2007 年党的十七大以来，我们党对公共文化服务体系建设的地位、指导思想、目标任务等认识不断深化。党的十七届六中全会通过的《决定》提出："满足人民基本文化需求是社会主义文化建设的基

---

　　① 《中共中央关于深化文化体制改革推动社会主义文化大发展大繁荣若干重大问题的决定》，人民出版社 2011 年版，第 23 页。

本任务。必须坚持政府主导，按照公益性、基本性、均等性、便利性的要求，加强文化基础设施建设，完善公共文化服务网络，让群众广泛享有免费或优惠的基本公共文化服务。"① "要以公共财政为支撑，以公益性文化单位为骨干，以全体人民为服务对象，以保障人民群众看电视、听广播、读书看报进行公共文化鉴赏、参与公共文化活动等基本文化权益为主要内容，完善覆盖城乡、结构合理、功能健全、实用高效的公共文化服务体系。"② 2013 年 11 月党的十八届三中全会通过的《中共中央关于全面深化改革若干重大问题的决定》中，明确提出建设现代公共文化服务体系的目标，并进一步指出这一目标的实现要通过建立公共文化服务体系的协调机制，促进基本公共文化服务标准化、均等化；通过建立群众评价和反馈机制，推动文化惠民项目与群众文化需求有效对接；通过完善绩效考核机制，吸纳有关方面代表、专业人士、各界群众参与管理；通过引入竞争机制，推动公共文化服务社会化发展。上述我们党对建设公共文化服务体系的新认识，进一步体现出我国当前在文化民生建设过程中，坚持以构建完善的公共文化服务体系作为实现公民的基本文化权益和文化发展成果共享的重要载体和途径。下面就结合我国文化民生建设的实践，围绕以提高公共文化服务的水平和质量，构建覆盖全面的现代公共文化服务体系为目标，开展对我国文化发展成果共享机制的设计与研究。

所谓"机制"，从词源上考察，源于希腊文，是指机器的构造与工作原理。将"机制"应用于社会领域，对应产生的是社会机制，是指以一定的运作方式把社会有机体的基本要素构成联系起来，形成使其协调运行的运作方式和体系。机制建立的重要载体是制度与体制。制度是个人之间交往的产物，是人的存在方式和发展方式。正如马克思所指出的："在生产、交换和消费发展的一定阶段，就会有一定的社会制度。"③ 制度是建立在一定社会生产力发展水平基础上，调整交往活动主体之间以及社会关系的规范体系。体制则是制度具体的表现形式和实

施形式，是管理经济、政治、文化等社会生活各个方面事务的具体体系。因此，机制的构建是一项复杂的系统工程，要在建立或者改革制度和体制的基础上，才能形成相应的机制，达到构建和转换机制的目的。当前，我国文化发展成果共享的实现，也要以建立和改革我国相应的文化制度和文化体制为基础，设计和构建符合中国特色社会主义文化发展实际和发展规律的文化发展成果共享机制。

第一节　文化发展成果共享的治理机制

20世纪80年代以来，公共治理理论作为公共管理理论与实践的一个重大变革，逐渐兴起并运用于经济社会等领域。实现文化发展成果共享，需要建立公共文化服务多元化主体的治理结构，形成多元主体共同参与、合作和互补互动的治理机制，从而为保障公民文化权利和满足公民文化需求提供基本的制度保障。

一　文化发展成果共享治理机制的理论基础

受20世纪70年代以来经济学理论新发展和时代迅速变化的影响，西方各国相继掀起了政府改革的浪潮，开展新公共管理运动，致力于优化政府职能，引入市场机制，提高公共服务的效率。新公共管理运动的基本主线是重新界定政府与市场的关系，围绕政府功能的重新定位，强调优化政府经济管理职能，在公共文化服务领域引入市场竞争机制，进行市场化运作，将政府权威与市场交换的功能优势进行融合，从而提高政府功能输出的能力，形成一种供给公共文化服务的全新制度安排。在政府内部管理机制上通过放松规制、改革事务类公务员制度以及实行行政分权等方面来革新政府内部管理机制。与此同时，新公共管理运动中还引入了顾客导向、绩效评估等私营部门的管理理念和技术，以改变政府管理手段单一、管理方式陈旧和管理方法落后的问题，实现由传统的行政管理模式向现代公共管理模式的转变。在对新公共管理理论进行反思和批判的基础上，以美国著名行政学家罗伯特·B.登哈特为代表的一批学者，进一步提出了一种新的公共行政理论，即新公共服务理论。新公共服务理论的核心理念包括：一是政府治理角色的定位上，强调政府应是服务者，而非只是单纯的管理者，实现公民共享公共利益是政府的重要职责；二是公民是治理体系的中心，政府要为公民服务，注重人，关注公共服务中的公正与公平，关注公民长期的公共需要和公共利益；三是推崇公共精神，政府注重共享的集体的公共利益观念的营造，重视与社会和公民合作共治，努力提升公共服务的尊严与价值。上述突出强调公共管理的公共服务本质，强调建立更加关注民主价值、更加重视公民权和公共利益的理论和原则，为我们构建文化发展成果共享的治理机制，转变政府公共文化行政职能，建设服务型政府提供了重要的启示。

作为公共管理理论与实践的一个重大变革，公共治理理论兴起于20世纪80年代，广泛运用于经济社会等领域是在20世纪90年代。从词源上看，英语中的"治理"源于拉丁文和古希腊语，原意是控制、引导和操纵，并一直与"统治"一词混用。20世纪90年代以来，随着现代政治文明的成熟和公民社会的兴起，"治理"被赋予了全新的含义。美国著名学者，治理理论的主要创始人之一的詹姆斯·N. 罗西瑙这样对治理进行定义："与统治不同，治理指的是一种由共同的目标支持的活动。这些管理活动的主体未必是政府，也无须依靠国家的强制力量来实现。"[1] 1995年，全球治理委员会（Commission on Global Governance）在《我们的全球伙伴关系》中对"治理"做了比较具有代表性和权威性的定义，指出治理是各种公共的或私人的个人和机构管理其共同事务的诸多方式的总和。它是使相互冲突的或不同的利益得以调和并且采取联合行动的持续过程。基于此含义界定的"治理"有四个方面的特征：治理是一个过程；治理过程的基础是协调；治理既涉及公共部门，又涉及私人部门；治理是持续的互动，不是一种正式的制度。[2] 治理的核心理念主要包括：其一，政府已不是唯一的权力中心和治理主体，各种得到公众认可的机构，都可能成为在各种不同层面上的社会权力的中心；其二，在为社会和经济问题寻求解决方案的过程中存在界限和责任方面的模糊性和交叉性，政府与公民社会的关系是合作和相互依

---

① ［美］詹姆斯·N. 罗西瑙：《没有政府的治理》，张胜军等译，江西人民出版社2001年版，第5—6页。

② 俞可平：《治理与善治》，社会科学文献出版社2000年版，第2—3页。

赖；其三，强调管理过程中被管理对象的参与，从而改变自上而下的单向度管理，形成上下互动、彼此合作的具有一定自主性的社会协调网络；其四，政府公共管理职能的手段和方法要进行创新，以更好地对公共事务进行引导。

新公共文化服务理论和公共治理理论为我国公共文化服务的治理提供了有益启示。作为文化发展成果共享的主要途径和方式，公共文化服务和产品的供给过程是一个典型的公共管理问题，公共文化服务的治理主要有以下特征：一是突出公益性，以公共文化利益的实现与维护为治理目标，在注重效率的前提下，突出强调公平与公正；二是多元化的治理主体，在公共文化服务管理中，坚持政府的主导地位的同时，积极引入非政府的公共文化组织，扩大公众参与范围，通过调动各种力量和资源形成公共文化服务"善治"的格局；三是公共文化服务治理手段与方式的创新，通过采用新的管理方法和技术，实现治理手段与方式的多样化。在公共文化服务治理机制的构建中，强调政府与公民社会、非政府组织相互合作的共同治理结构，为政府公共部门与非政府组织之间建立起了公共文化服务共同治理的制度性纽带。这也是提高公共文化服务供给的质量效率，谋求公共文化利益最大化，实现文化发展成果共享的内在要求。

二　文化发展成果共享治理机制的构建

实现文化发展成果共享，提高公共文化服务的发展水平，治理结构是一个关键的制度问题。公共文化服务组织体系的治理模式是由公共文化服务的主体构成及其相互关系构成。我国受到经济体制转换的影响，公共文化服务组织体系的治理模式经历了从一元化向多元化发展的历程。新中国成立后，在计划经济制度下，公共文化服务组织领域表现出了统一性的特点，即政府是唯一的公共文化管理主体，政府和政府兴办的文化事业单位直接承担公共文化服务的生产和供给责任，承担公共文化服务管理的全部职能和责任。然而文化的广博性与政府资源的有限性之间存在着深刻的矛盾，政府包办公共文化服务的做法，致使公共文化供给贫乏，只能使公民对于公共文化服务的享有处于较低的水平上，不能够满足公民对于文化多样性和差异性的需求。改革开放以后，在市场经济体制改革的背景下，公共文化服务组织领域引入市场机制，公共文化服务组织领域表现出了多元化的特征，公共文化服务组织体系由政府的一元体系发展为政府、企业和第三部门等共同构成的多元体系，多元主体共同提供公共文化服务，互为补充，共同提升公共文化的服务水平。文化发展成果共享治理机制的构建，是对公共文化服务管理机制的制度创新，它要求打破市场与政府、公共领域与私人领域、政治国家与公民社会的传统两分法的思维模式，力图在公共文化服务的管理和供给过程中建立由多元主体共同承担责任、合作互动的公共文化服务管理新范式。在公共文化服务多元化主体的治理结构中，主要由以下主体共同参与和合作，形成互补互动的共同治理机制。

（一）政府

根据公共经济学的理论，作为非物质状态的文化产品，是一种特殊的精神产品，既具有"公共性"的特征，又具有商品的属性，表现出私有性和独享性的特点。文化产品的多样性特点，决定了仅依靠市场供给不可能有效全面满足公民的文化需求，出现"市场失灵"的问题，因此就需要政府在公共文化服务中承担核心主体的角色，以保障公民基本文化权利和共享文化发展成果为核心责任。正确定位政府在公共文化服务中的职能与角色，是文化发展成果共享治理机制构建的关键环节。在我国社会转型时期，面对利益格局的调整和文化发展的多元趋势，政府的公共文化服务职能和角色更加突出，政府的公共文化服务职能不仅在于公共文化产品和服务的提供，更在于公共文化服务的科学政策的制定和良好环境的营造，因为"制度的建立和培育是政府行为最重要的结果"。① 作为公共文化服务的主要提供者和管理者，政府要进行正确的角色定位，规范公共文化服务职能范围，健全政府职责体系，改革单一化的治理模式，整合文化资源，积极引导公共文化服务共建共享治理模式的建立。具体而言，主要包括以下几个方面：一是正确定位政府公共文化服务职能，注重公共文化服务职能手段和方法的创新。通过理顺政府与社会、市场及文化单位的关系，政府要明确自身在公共文化服务

---

① ［美］赫伯特·西蒙：《今日世界中的公共管理：组织与市场》，《经济社会体制比较》2001 年第 5 期。

中核心主体和主导的角色，推进政事分开、政企分开和管办分开，以纠正政府的"错位"、"越位"和"缺位"现象。与此同时，在我国五级公共文化服务设施基本建立、数字化公共文化服务网络——全国文化信息资源共享工程已经形成，社会化公共文化服务逐步兴起的新形势下，政府公共文化服务管理职能的手段和方法更要进一步创新，采取新的管理方法和技术，提高设施的利用率和服务效率，以更好地对公共文化服务进行引导。二是发挥和规范政府对公共文化的宏观指导功能。公共文化服务体系构建的基础是明确一定时期内文化建设的目标、重点以及需要解决的重大问题。政府运用政策、规划和布局等体制性手段，将满足人民群众基本文化需求与引导公共文化健康发展结合起来，对公共文化资源供给的布局进行宏观指导，在公共文化资源数量、品种和结构方面形成科学合理的布局结构。三是发挥和规范政府对公共文化法规政策体系的制定职能。建立健全的法律体系和积极的政策支持体系是构建公共文化服务体系的有力保障。政府通过加强文化立法，健全文化法规体系，将公共文化服务体系的建设和管理纳入法制化轨道，推动公共文化资源的管理和分配法制化，创造有利于公共文化服务健康发展的宏观环境。政府通过制定公共文化事业发展的公共财政支持政策、投融资政策、管理政策和保护政策等政策，建立公共文化发展的政策支持体系，以支持和引导公共文化服务的健康发展。

（二）企业

公共文化的供给和参与主体的多元化是满足人民群众多样化的文化需求的必然选择。然而长期以来，我国公共文化服务的提供形成了对政府的"路径依赖"，政府和文化事业单位是公共文化服务供给的唯一主体，民间资本和民营企业不具有平等的参与资格和机会，被排斥在公共文化服务领域之外。这种民间资本和民间力量的缺失，致使公共文化服务参与和竞争主体的缺失，公共文化服务供给质量和效率不高。因此，将市场机制引入公共文化服务领域，正确处理公共文化的社会化与市场化之间的关系，从而形成以政府为主导的民间资本和民营企业积极参与的多元主体竞争互动的格局。现代企业社会责任理论认为，公共责任是企业社会责任的重要方面。企业的公共责任要求企业要积极参与公共事务和公共政策的制定，积极资助社会公共事业和公益事业。这种积极履行社会责任的态度要成为现代企业价值认同和价值取向的重要内容。作为社会公共事业的重要组成部分，公共文化服务体系的建设和发展也离不开企业的积极参与和支持。企业等营利性组织参与公共文化服务的方式主要有四种：一是企业主动提供公共文化产品和准公共文化产品，即直接参与；二是企业承接政府委托的项目，通过与政府签订合同契约的方式，参与公共文化服务，即承接项目；三是企业参股由政府投资的文化设施，或资助文化活动，即资助参股；四是企业通过影响政府政策和法规的制定来影响公共文化决策，即影响政府决策。通过以上多种参与方式，企业成为公共文化服务主体结构的重要组成，在实现其赢利目标的同时，客观上成为公共文化产品和服务的重要提供者和公共文化服务的实施责任载体。虽然企业在公共文化服务体系中占据的份额不高，但企业所具备的自身优势，使其具有较强的生产能力和市场竞争力，这对于弥补政府和非政府组织的公共文化服务的不足，提高公共文化服务体系的服务效率具有重要的推动作用。因此，政府应采取积极的鼓励政策和措施，如加大媒体对企业赞助公共文化事业行为的宣传，加大对企业赞助公共文化事业的表彰，以及税收减免等优惠措施，来鼓励企业等营利性组织对公共文化服务的参与和支持。

（三）非政府组织

非政府组织是独立于政府和企业之外的具有组织性、自愿性、民间性、自治性和公益性质的社会组织。作为介于政府与市场之间的中间力量，非政府组织是社会治理结构中的重要组成，在现代社会中发挥着越来越重要的作用。在利他主义和自愿奉献精神影响下，非政府组织的公益性质和伦理使命，使公共责任成为非政府组织追求的核心价值。注重公益，服务公众是非政府组织的重要价值取向。公共文化服务作为公益性文化事业，是以公益性为重要属性，以服务大众为发展方向。因此，公共文化服务体系的构建，需要非政府组织的积极参与，并扮演越来越重要的角色。作为推动传统公共文化治理模式转型的重要力量，非政府组织以其独特的优势，充当第三支社会中间力量，对于调节公共文化产品与服务的供需矛盾，满足公众多样化的文化需求，平衡政府与市场供给，都发挥着不可替代的作用。为此，政府要通过转变政府职能，科学合理界定政府与非政府组织之间的权责关系、管辖范围和相应的权利与义务，为非政府组织的发展提供相对独立的空间。政府还要通过放宽民间公益组织登记备案的条件等举措，给非政府组织提供平等参与公共文化服务的机会与平台，为非政府组织的发展创造有利的政策环境。为了保证非政府组织的健康有序发展，政府还应运用经济和法律手段，建立健全非政府组织的法律法规体系，建立对非政府组织的监督和管理机制，以确保非政府组织的发展符合经济社会的现实需要，确保非政府组织切实承担起公共文化产品和服务供给中的供给主体角色和相关协调职能。同时，非政府组织自身也要加强自律和自身建设，通过健全相关机制充分发挥自身优势，增强自身发展能力，在公共文化服务多元主体格局中承担重要角色，推动多元互动主体格局的构建。

（四）社区

作为一种社会生活共同体，社区是具有成员归属感的人群所组成的一种社会实体。其基本构成要素包括：共同生活的人群，是主体构成要素；一定界限的地域，是空间构成要素；完备的生活服务设施，是物质构成要素；特有的文化和对社区的认同感，是文化心理构成要素。作为社会文化体系的重要组成部分，社区文化发挥了群众休闲娱乐、文化传播和宣传教育等功能。在构建公共文化服务体系过程中，公民往往以社区为基本单位进行公共文化服务的消费，要积极引导社区组织参与公共文化，提高文化基础设施的利用率，丰富公众的文化生活，为公众提供平等分享文化成果的平台。因此，社区是公民参与公共文化服务体系构建的重要主体形式。社区文化的功能主要体现在整合、导向、传承和发展四个方面。社区通过整合功能推动社会沟通，增强人民群众的心理凝聚力和行动的一致性；通过导向功能在社区组织的各种丰富多彩的文化活动中，向社区居民倡导正确价值观、人生观和审美观；通过传承功能强化社区居民的公民意识和民族精神，积极弘扬优秀民族传统文化；通过发展功能激发社区文化生产力，以贴近群众和生活的文化形式表现出来的社区文化，具有更为广泛的群众基础，更能够满足社区居民多层次多样化的文化需求。基于上述社区文化所发挥的职能，在公共文化服务体系的构建中，在积极引导社区参与公共文化的同时，要加强对社区文化的建设和管理，完善社区文化的各项制度，提高社区文化建设的社会化程度。要规范运作社区公共文化服务体系，坚持以社区居民文化生活需求为导向，以内容多元化、服务精细化和设备现代化为特征，为居民提供社区文化服务的服务场所和设施，推动社区公共文化服务走上社会化的可持续发展轨道。

总之，公共文化服务多元化主体的治理结构，强调多元主体共同承担追求公共利益的责任，主张形成以政府为主导，文化企业、非政府组织、社区等主体共同参与、合作和互补互动的治理机制。这一治理机制的构建是保障公民基本文化权利，满足公民公共文化需求，实现文化发展成果共享的必然要求和重要制度保障。

第二节　文化发展成果共享的投入机制

实现文化发展成果共享，保证公共文化服务的可持续发展，充足而有效的投入是最基本和必要的保障。面对当前我国文化投入总量不足、投入主体单一、投入结构失衡、投入监管评估不力等现实情况，就需要我们在公共文化服务体系建设过程中，通过机制的设计和改进，建立更加科学、全面和高效的多元投入机制。公共文化服务体系的建设需要多种因素的共同作用，具有基础性强、牵涉面广和任务复杂等特点，其中公益性是其突出的特征。要构建结构合理、运转高效的公共文化服务投入机制，必须要坚持以下原则：一是普遍均等原则。最大限度地实现普遍均等，是维护和保障公民基本文化权利的必然要求。要通过文化投入向公益性部分和落后地区倾斜的方式，促进城乡和区域的统筹发展，实现公共文化服务均等化。二是差异化原则。由于我国地域辽阔以及城乡、区域之间发展不平衡，在不同区域的文化投入应采取差异化的原则。发达地区的文化投入由本地财政担负，欠发达和落后的农村地区由国家按一定的比例进行转移支付。三是公益性和区别对待原则。在公共文化服务投入方面应坚持公益性，基本的精神文化需求要以政府为主导来保障，而更高层次的文化享受，要通过引入市场机制，依靠市场来满足。四是以群众现实文化需求为导向原则。文化投入要根据群众具体的现实文化需求，提供适销对路的文化产品和服务，切忌形式主义，要按照群众的文化习惯和实际文化需求来组织公共文化服务的投入。

一　多元化的财力投入机制

公共文化服务的公共性和公益性决定了在经费投入上，政府应承担主体责任，成为公共文化服务财力投入的主体。但是政府财力投入的有限性与公共文化服务需求的无限性之间存在着矛盾，因此，公共文化服务的财力投入由政府单一主体，转向政府、企业、非政府组织和个人等多方投入的多元格局，是公共文化服务体系建设和发展的必然趋势。

（一）以政府为主体的投入主体的多元化

在公共文化服务体系的经费投入中，政府是最主要的投资主体。由于文化产品是一种特殊的商品，涉及国家安全和意识形态的发展导向，因此法国提出"文化例外"原则，意在强调国家和政府对文化地位及其建设的重视。这一原则对于我国公共文化服务体系建设的启示就是，要强调政府在公共文化服务建设发展中的主体责任，加大政府对公共文化的财力投入，建立政府对公共文化服务投入总量增长机制。政府要将公共文化服务的预算纳入政府的年度财政总预算，并结合经济社会发展水平，确定公共文化服务预算的总额和增长幅度。按照国际经验，社会公共文化服务预算总额支出比例不少于地区 GDP 的1.5%，社会公共服务预算的增长幅度最低限度应高于当年财政收入增长的比例不少于5%。要建立公共文化服务预算增长政策体系，制定保障公共文化服务预算总量增长的相关政策法规，使公共文化服务投入总量的增长制度化和法制化。

在我国由于经济社会发展的不平衡，高层次的文化享受与基本精神文化需求并存。在人民群众多样化的文化需求日益增长的情况下，不可能完全依靠政府来满足人民群众的全部精神文化需求。这就需要在充分发挥政府公共文化服务功能的同时，引入市场机制，引导和鼓励社会力量投资兴办公共文化，鼓励和调动社会文化组织、企业参与公共文化服务体系建设，充分发挥社会文化资源的作用。政府要通过转变公共财政投资机制，综合运用多种形式和手段，广泛吸收社会资本和产业资本进入公共文化服务领域；要利用市场机制改革公共文化服务的资金投入运行方式，提高公共财政的投资效益；要完善相应的法律法规，扩大公共文化服务的准入范围，鼓励社会组织、企业直接举办或者赞助政府举办公共文化活动和兴办各类公共文化设施。通过以上举措，逐步形成以政府投入为主，社会力量积极参与的多元投入为主体的公共文化服务投入保障机制。

（二）公共文化服务融资和筹资渠道的多元化

政府公共文化服务的资金支出的有限性与人民群众日益增长的文化需求的无限性之间的矛盾，决定了政府要鼓励公共文化服务的融资和筹资方式的多样化，通过多种渠道和形式筹集社会资金来支持公共文化服务体系的建设，主要包括以下五个方面：一是政府可以运用税收优惠、引导金融企业对社会事业实行信贷倾斜政策等政策杠杆，给予公共文化服务的企业经营者提供优惠政策，如低息、无息贷款等方式，积极给承担重大公共文化建设项目的企业提供资金支持，构建公共文化融资平台。二是通过公共文化资源产权的重新界定，提高公共文化资源的利用率。对于一些长期闲置的公共文化资产，政府可以通过公开招标、税收减免和相关技术支持等手段，重新激活其公共文化服务的功能。对于产权模糊的公共文化资源，政府要对其产权进行重新界定，鼓励相关产权责任人对文化资源进行再开发，以进行合理的保护和利用。三是积极鼓励民间资本参与公共文化服务体系建设。可以通过政府补贴、企业冠名、社区文化基金会建设、公益文化项目推介等方式，鼓励社会力量对公共文化事业的赞助。同时要充分借鉴英美等国的发展经验，引入产业化经营模式，鼓励个人和民营企业参与经营性文化事业单位的股份制改造，引导生产要素向公共文化服务领域合理流动，为企业融资创造更好的条件。四是通过制定相关的文化政策，构建公共文化服务的捐赠激励机制，通过政策优惠引导个人、企业和社会组织赞助公共文化事业。同时也可以借鉴英国"一臂之距"的管理原则，通过设立多样化的公共文化服务基金和设立特定的专项文化服务基金会，在广泛吸纳社会力量捐赠的同时，有重点地支持公共文化建设和文化活动，从而形成吸引和统筹安排使用社会资金的运行模式。五是通过发行文化彩票和债券等多种形式灵活吸纳社会资金。设立文化彩票，通过日常性地吸纳民间资本，能够持续地为公共文化服务提供财力支持，是一种效率高、操作性强的吸纳社会资金的方法。同时，由于文化基础设施建设的长期性特点，可以发行包括国债、地方债券和企业债券在内的文化专项债券，以所吸纳的资金来支持公共文化事业建设。

二 多元化的人力投入机制

中国特色社会主义文化是人民群众共建共享的文化，人民群众是公共文化建设的参与主体，充足的人力投入是公共文化服务体系建设的人力资源保障。要积极调动各方面力量，积极参与文化人才的培养和挖掘，形成多方参与的文化人才培养和人才队伍建设机制。

公共文化服务体系的建设需要源源不断的人力资源的支持，才能不断迸发新的发展活力。要加强文化专业人才、文化经营和管理人才的培养和挖掘，通过调动高校、社会和基层文化单位的相应职能，通过多种渠道培养和打造文化专业优秀人才。各类学校是文化人才培养的摇篮，要加强学校的文化艺术及专业教育，在文化专业人才的培养方面，国家给予必要的政策倾斜和引导，鼓励文艺生积极到公共文化服务领域发挥专业力量。营造良好的社会氛围，充分发挥民间艺人、文化能人的作用，建立起本土的文化精英队伍，支持公民自办文化。要积极发挥基层文化骨干的经营管理文化的作用，积极发展城乡文化中心户、义务文化管理员等制度，鼓励专业艺术团体改革中的分流人员到社区、街镇等基层单位担任文化指导员，以壮大基层文化组织的人才队伍。同时要采取多种举措吸引优秀文化人才进入公共文化服务领域，加大对优秀文化人才的扶持和引进力度，如通过实施青年艺术人才的专项培养计划和成立文化人才基金会等措施，吸引文化专业高端人才进入公共文化服务领域。对于在文化领域有突出贡献的文化专业人才要给予积极的奖励，以在全社会营造尊重人才、尊重文化的良好氛围。

合理稳定的文化专业人才队伍的打造，是公共文化服务人才队伍建设基础性工作。各级政府要根据本地区公共文化服务的现实情况，确定公共文化服务人员的数量，要通过编制、待遇、职称等政策倾斜，调动基层文化工作人员的积极性，并通过组织专业培训的方式不断提高文化工作者的素质，实现公共文化服务人才队伍数量与质量的科学合理。在稳定文化专业人才队伍建设的同时，要通过各种途径积极扩展文化专业人才的队伍组成。政府部门要通过相应的法规政策的制定，积极鼓励成立各种形式的公益文化志愿服务协会等社会团体，鼓励文化服务志愿者加入公共文化服务领域，以扩大和充实公共文化服务的人才队伍。同时政府也应大力培育文化中介组织和文化经纪人，立足于法制化和专业化建设，动员企业和各界成功人士积极参与公共文化事业。通过加强文化中介机构和文化经纪人的制度建设，推动文化转化为生产力，对于公共文化服务体系的建设有着重要的作用。

三　多元化的技术投入机制

在以信息化、网络化为特征的新的时代背景下，公共文化服务体系的建设要通过科学技术和现代传播手段的应用，借助工具和手段的丰富和便捷，强化公共文化服务的技术支撑。

在公共文化服务体系建设的过程中，要以现代技术为重要的推动引擎，综合运用多种手段和方法，实现多元化的技术投入，给公共文化服务体系的建设注入发展的新活力。主要包括以下举措：一是要以群众需求为导向，不断创新公共文化生产制作、传播和管理等技术，部署信息技术应用的整体系统，优化公共文化服务业务流程和组织结构，以保障公共文化服务体系高效运行。二是要充分利用互联网等现代传播手段和传播媒介，实现公共文化服务网络化的发展。通过互联网技术的应用，能够更好地提高公共文化服务的效率，丰富公共文化服务的内容，创新公共文化的服务模式。例如通过网上图书馆、网上博物馆、文化剧场和群众文化活动远程网络的建设，通过手机上网等在短时间内搜索获取需要的信息，使公共文化服务的传播和获取渠道更加的方便快捷。对于网络公共文化服务使用的增多，不涉及增加成本和负担等问题，有利于实现公共文化服务的资源共享，缓解我国城乡、区域和阶层间文化成果分享不均衡的状况。三是要以文化信息资源共享工程建设为核心，以基层服务网点建设为重点，建成覆盖城乡的数字文化服务体系。文化信息资源共享工程是通过利用互联网等现代技术手段和传播媒介，对优秀文化资源和现代社会文化信息资源在整合的基础上，进行数字化加工，建立可覆盖全国的互联网文化信息中心和网络中心，是一种有助于实现文化发展成果共建共享的文化信息资源网络传输系统。这一工程的实施有助于弥补互联网优秀文化信息资源缺乏，丰富人民精神文化生活，均衡城乡区域之间的文化资源。四是通过"三网融合"推动公共文化服务技术手段的创新。通过建设和完善宽带通信网、数字电话网络和下一代互联网，利用数字传输技术和制定相关网络标准协议，推动"三网融合"，促进互联互通和资源共享。"三网融合"对于公共文化服务的基础设施建设和投入的节约，对于公共文化服务的水平和效率的提高，具有重要的推动作用。

第三节   文化发展成果共享的供给机制①

公共文化资源的供给是实现文化发展成果共享的关键环节。要通过建立功能齐全、制度健全和运行高效的公共文化资源供给机制，满足人民日益增长的文化需要，提高公共文化服务的质量，推动文化发展成果共享的实现。

在西方经济学中，通常所指的供给是有效供给，现代西方经济理论中的供给内涵所涉及的一般都是商品与劳务市场，并从供给意愿和供给能力两个条件定义有效供给。如美国经济学家斯蒂格利茨在《经济学》中对供给的定义是，在某一价格下，个人或厂商愿意出售的商品和服务的数量，而市场供给则是指在供给价格（或工资）下，各个厂商（所有家庭）愿意提供的总数量（劳动总量）。② 借鉴和参考以上定义，结合文化事业发展的特点，文化产品和服务的有效供给应是指文化生产部门以消费者的文化需求为导向，以政府的政策法规为保障，以供给效率为基础，在一定时期内向社会提供的一定数量的文化产品和服务。公共文化产品和服务能够实现有效供给，是维护公民基本文化权利，保障公民共享文化发展成果的重要途径和关键环节。在构建公共文化服务的有效供给机制上应坚持以下原则：一是公益性原则。公益性是公共文化服务基本特征，这就要求在公共文化产品和服务的供给中要坚持公益性原则。公共文化产品和服务的供给，要面向社会和公众，使每个公民都能够平等、充分地享受公共文化服务和利用公共文化服务设施，使公众在

---

① 此部分内容已刊发在《内蒙古社会科学》（汉文版）2014 年第 2 期。标题为《文化发展成果共享的有效供给机制研究》。

② ［美］斯蒂格利茨：《经济学》，中国人民大学出版社 2000 年版，第 74—75 页。

获取知识和教育的过程中享受娱乐和感受文明。二是公平性原则。公平正义是社会主义和谐社会的内在要求。每个公民都能够有平等的机会享受文化发展成果，是现代政府的重要职责。政府要为全体公民提供平等地享受公共文化服务的机会，通过开放而平等的渠道与路径，听取公民对公共文化服务的现实需求。通过统筹文化资源，均衡文化资源的配置，坚持基本公共文化服务供给均等化的发展方向。三是导向性原则。"为公共问题提供公平的解决方案，这不只是意味着要为所有的人提供同样的服务，而且意味着要为那些更需要服务的人们提供更高层次的服务。"① 以人为本不仅是一种价值追求，也是一种文化取向。公共文化产品和服务的供给要以公众现实文化需求为导向，关注民情和民意，供给的品种、质量与类别结构要与公众现实的文化需求相适应，要通过不断的创新，开发新公共文化产品，提高公共文化服务质量，不断满足公众日益增长的文化需求，这是公共文化服务有效供给的前提。四是效率原则。公共文化产品和服务的供给具有非营利性，作为公共文化服务投入的主体，政府要把投入的经济效益和社会效益，短期利益和长期利益统一起来，提高和优化要素供给的质量与组合，注重公共文化产品和服务供给的有效性和可持续性。

在治理理论的影响下，公共文化服务的供给机制，要以服务性为根本方向，要满足公众多样化的文化需求，就要改变过去公共文化服务供给中运营体制落后，供给渠道单一，供给方式僵化等问题。要逐步建立政府与社会化主体积极参与、合作的多元供给机制，改革和创新公共文化服务供给的渠道和方式，增强公共文化产品和服务的生产能力和供给总量，以实现公共文化服务大众的发展方向。

一　多元化的公共文化服务供给主体机制

要不断提高公共文化服务的质量，不断满足人民群众的多样化的文化需求，就要根据公共文化服务的性质和特点，根据不同情况区别对待，积极引入市场机制，鼓励个人和第三部门参与公共文化服务的供

---

① ［英］亚当·斯密：《国民财富的性质和原因的研究》上卷，商务印书馆1981年版，第253页。

给，形成多元化的公共文化服务供给主体机制。

（一）政府为主导的公共文化服务供给模式

由于公共文化服务的公益性特点，承担公共文化服务的职责是政府职能的重要内容。作为公共文化资源供给的重要主体，政府按照合理分类、区别对待的原则，来承担政府相应的公共文化服务的职能。政府对于公共文化服务的参与可以分为直接参与和间接指导两种。首先，按照公共文化产品的分类，属于纯公共文化产品和准公共文化产品的，具有非排他性和非竞争性，应由政府作为供给主体，直接参与公共文化资源的供给。政府通过自身机构，直接提供与公共文化资源供给相关的各类行政服务，并在特定的情况下直接安排公共文化产品的生产和服务供给。在这一直接参与公共文化服务的过程中，政府要做好公共文化服务型项目的财政资金预算安排，直接提供公共文化服务所需要的资金。在基本资金保障下，公共文化服务由政府机关或公共企业开展，由公共机关进行管制，政府是公共文化服务安排者和生产者。其次，政府通过发挥对公共文化服务的宏观指导功能、统筹协调功能和运行管理功能，间接参与和指导公共文化服务的供给。政府通过发挥宏观指导功能，运用政策、法规和规划等手段对公共文化资源的生产供给进行宏观指导。通过对公共文化资源的供给进行规划，形成公共文化资源供给数量、品种和结构的合理布局。政府通过发挥统筹协调功能，在兼顾部门、系统和区域等因素基础上，统筹各个层面公共文化资源生产供给的均衡性，有效提高公共文化资源的供给效率，从而更有针对性地满足人民群众的文化需求。政府通过发挥对公共文化服务的运行管理职能，在公共文化服务的微观层面，采取政府采购、订单管理等必要的组织运行机制，推动公共文化资源生产供给的科学、合理开展。

（二）企业为主体的公共文化服务商业化供给模式

在公共文化服务的供给中，企业加入供给主体，并没有改变其追求利益最大化、以营利为目的的初衷。在公共文化服务领域引入市场机制，鼓励企业的积极参与，原因在于企业自身所具有的独特优势。企业作为市场的独立个体，能够积极准确反馈市场需求，及时满足人民群众多样化的新文化需求，以提高公共文化服务供给的效率，这对于弥补政府公共文化服务供给不足和质量不高起到重要作用。在公共文化服务商业化供给中，要充分发挥政策保障与政策倾斜机制，给予营利性企业以一定的政策支持和倾斜，形成政府与企业间的合作伙伴关系。政府要对有关市场准入等相关法规政策进行明确规定，积极放宽企业等非营利组织的市场准入，以营造一个公平的竞争环境。由企业参与的公共文化服务的供给模式，主要有以下四个方面：一是对于需要加强的营利性文化产品，要采取公共生产的方式以保证文化产品的质量，同时借助市场提供的方式来增强其市场占有和竞争力。二是私人企业是公共文化产品和服务的生产者，政府以采购的形式购买产品的所有权，以无偿形式提供给社会。三是由私人企业或者公私部门联合作为文化产品的生产者，再由政府部门、市场主体或者二者联合以有偿方式向社会提供。四是私人企业或者公私部门联合作为公共文化产品生产者，在政府部门提供指导基础上，由市场按照商业性原则向社会提供。

（三）非营利组织为主体的公共文化服务社会化供给模式

公共文化服务体系建设的过程中，公益价值理念是一个重要的价值理念，它指导着公共文化服务的公益性方向。在这一理念下，形成了一种以非营利组织为主体的公共文化服务的社会化供给模式。作为不以营利为目的的社会组织和团体，非营利组织在公共文化产品和服务的供给方面具有很多优势。与政府供给相比，非营利组织所提供的公共文化产品和服务，更具有灵活性和多样性，能够针对不同人群提供不同特点的公共文化产品。与市场供给相比，非营利组织对公共文化产品的供给更强调公益性，由于不涉及利润分配问题，而更倾向于对消费者利益的保护。作为不断满足人民群众多样化、多层次文化需求的重要力量，非营利组织对公共文化产品和服务的供给，需要政府的积极扶持。要建立政府与非营利组织的合作关系，树立非营利组织的独立和自治理念，使其拥有相对独立的发展空间。同时，要加大政府的资金支持，通过设立非营利组织公共文化发展基金和政府招标购买其公共文化服务等多种方式，为非营利组织的发展创造良好的政策和资金保障环境。政府要加强对非营利组织的监督和管理，使其建立健康、快速的发展机制。非营利组织与政府在公共文化服务供给方面的互补性，有利于发挥非营利组织在缓解公共文化产品和服务的供求矛盾、提高公共文化产品和服务的质量等方面的重要作用。

总之，公共文化服务的供给是公共文化服务体系构建的核心内容。在多元治理机制下，公共文化服务的供给主体和模式也应该多元化。要根据不同供给模式的特点和优势，针对不同公共文化产品和服务采取不同的供给主体和模式，引入社会化运作方式，形成政府、企业和非营利组织的多元化公共文化服务供给模式和机制。

二 高效的公共文化服务供给运营机制

要提高公共文化服务的供给效率和质量，就要注重公共文化服务供给的运营与管理问题，建立高效的公共文化服务供给运营机制，扩大公共文化服务的供给总量，提升公共文化服务的供给质量。按照供给主体不同，公共文化服务供给的运营模式可以分为以下几种：

（一）公益性文化事业单位的运营模式

作为公共文化产品和服务供给的重要主体，公益性文化事业单位是中国特色社会主义文化建设的重要力量，对于推动社会主义文化事业发展、满足人民群众基本文化需求具有重要作用。公益性文化事业单位作为公共文化产品和服务供给的骨干主体，在承担和履行供给职责的过程中，更要注重内部机制和管理制度的构建与改革，不断推动服务方式的创新。在公益性文化事业单位的运营过程中，政府要根据文化单位的职能，通过政府采购的方式挑选运营机构，并以签订服务协议的方式，明确权力责任和服务标准。要通过建立绩效考评和激励机制，优化人事和薪酬制度。公共文化设施的运营和公益性文化事业单位的评价都要以科学的监督评价机制为依据，这个评价机制要由政府、专业评估机构和社会共同参与组成，以达到科学、全面和客观的评价和监督，激励和推动公益性文化事业单位的高效运营。

（二）营利组织的运营模式

要解决公共文化生产和供给中部门垄断、公共文化设施利用率不高、公共文化服务效率低下等问题，创新公共文化服务供给机制，将市场机制引入公共文化领域，发挥市场机制合理有效配置资源的优势，积极鼓励营利组织参与公共文化服务的生产与供给，是当前提升公共文化服务供给效率的一条重要路径选择。营利组织在公共文化服务供给中发挥作用，通常是以与政府合作的不同方式体现的，其具体的运营模式主要有三种：一是委托生产。即政府和文化主管部门根据公众的要求和服务的标准，委托有资质和信誉都较好的营利组织生产一定的公共文化产品，然后由政府统一进行供给。二是合同外包。通过与政府签订供给合同，营利组织提供相应的公共文化服务，政府以税收购买承包商提供的公共文化服务并依据合同对其进行监管。三是特许经营。在严格审查文化企事业单位的资质和信誉的基础上，政府通过出让一定期限的公共文化服务的经营权来吸引营利组织参与公共文化服务基础设施的建设，并对其加以监督管理，以保障其健康发展。

（三）非营利组织的运营模式

作为公共领域，实现公共文化服务领域多部门合作机制，鼓励非营利组织参与公共文化服务的供给，加强政府与非营利组织的合作，是公共文化服务供给过程中的一种有效的制度选择。按照在公共文化服务运营中发挥的功能不同，非营利组织的运营模式有三种：一是协同增效，即政府与非营利组织共同努力，相互合作，付出各自的资源，承担各自相应的责任，实现和完成各自之前都无法单独完成的公共文化服务目标。二是服务替代，即非营利组织由于其自身的优势，替代政府部门提供相应的公共文化服务，扮演公共文化服务提供的替代性角色，以提高公共文化服务的效率和效果。三是拾遗补阙，即在政府未能涉及的公共服务领域，非营利组织开展公共文化服务，满足社会公众的多样化需求。

三　数字网络化的公共文化服务供给方式和渠道

在传统计划经济体制下，文化资源的生产供给通常采取的是配额制或配给制。这种配给方式的弱点体现在，单一性的产品和服务，单一性的行政供给，以及单一性的供给主体，无法真正满足群众现实的多样性文化需求，无法调动群众的积极性和创造性，导致公共文化服务的产品和服务方式的僵化。在新的时代背景下，结合数字网络化的时代特征，建设数字网络化时代的公共文化服务体系，改革传统的供给方式已是时代发展的必然。要根据数字网络时代背景下公共文化资源供给的特点和规律，充分运用数字网络技术，采集、整理、储存和传输公共文化资源。数字网络技术的运用和支撑，为公共文化资源供给方式的全面创新提供了可能，能够实现多层次、多渠道、多方式、跨地区、跨部门的全面有效互动，以实现打破行政和地域壁垒和制约公共文化资源生产供给的诸多瓶颈。在数字网络技术条件下，形成全国与基层、基层与基层、纵向与横向、本地与异地的多维交互式供给系统，建立全面覆盖、功能强大、高效运行的公共文化资源供给系统。因此，要以群众需求为导向，以公共文化资源供给方式创新为突破口，探索建立政府主导、社会力量积极参与、运用先进技术手段的公共文化资源供给新方式。

关于公共文化资源的供给渠道，我国面向基层公共文化服务领域主要采取自上而下标准配给制和属地化小范围流通制两种渠道。这两种供给渠道有着很大的局限性，导致了公共文化供给的产品来源单一，意识形态色彩较突出，流通范围有限，兼容性较差，不适合大众传播。要改进公共文化资源的供给渠道，就需要借助高新技术，运用现代数字网络技术提升公共文化流通渠道，改进现行公共文化资源供给渠道，实行供给渠道的专业化、规模化和集约化，在机制上形成公共文化内容的生产、流通、终端服务全程的科学安排及各环节的科学分工。要通过以下举措创新公共文化资源供给渠道：要对承担供给渠道功能的专业化机构在政策上、资源上进行扶持，积极鼓励其纳入公共文化资源供给的运行；要对渠道运行主体的选择标准和资质进行严格规定，以保障其发挥公共文化资源供给的功能；要以内容健康为公共文化资源供给的首要标准，对进入公共文化资源供给渠道的产品和服务，建立严格的事前监管制度；政府要建立和发布开放性公共文化产品和服务目录，鼓励专业化组织参与，并在此基础上建立多样化的公共文化产品和服务数据库；要运用数字网络技术，建立先进、可靠的内容配送渠道系统，把产品和服务及时、准确地送到基层。

第四节　文化发展成果共享的实现机制

文化发展成果共享的实现，要解决的一个核心问题就是公平与均等的问题。如何能够保证全体人民具有平等享受文化发展成果的机会，如何保证全体人民能够大致均等地享受基本公共文化资源，是实现文化发展成果共享的中心环节。这里所提及的问题其实也就是如何实现基本公共文化服务均等化的问题，它直接关系到文化发展成果共享问题最终能否实现以及实现程度的问题。对于公共服务均等化起到基础性影响的理论是英国经济学家庇古的国民收入均等化思想。作为福利经济学的开创者，庇古提出社会经济福利增大的两个先决条件，即国民收入越多和国民收入分配越是均等化，社会经济福利越大。庇古的国民收入均等化思想，对公共服务均等化思想产生了重要启示，由于公共服务是由国民收入形成，公共服务的均等化分配能够对国民收入的分配起到重要作用，能够增进社会福利，促进社会福利最大化。具体到文化领域，作为公共服务的重要组成部分，公共文化服务均等化的实现，对促进社会福利最大化也同样具有重要意义。

一　公共文化服务均等化的含义及基本原则

实现基本公共服务均等化任务的提出是在党的十六届六中全会。2011 年党的十七届六中全会上又专门从公共文化的角度，进一步明确了公共文化服务均等化的原则和方向，提出"必须坚持政府主导，按照公益性、基本性、均等性、便利性的要求，加强文化基础设施建设，完善公共文化服务网络，让群众广泛享有免费或优惠的基本公共文化服务"[①]。公共文化服务均等化从内涵上，是指在尊重公平原则和依据社会经济发展现实水平的前提下，政府为社会公众提供基本的、在不同阶段具有不同标准的公共文化产品和服务。这里对公共文化服务均等化概念的理解需要注意的问题是，公共文化服务均等化不是一个抽象的概念，而是一个动态的具体过程。首先，公共文化服务均等化所强调的是基本公共文化服务的均等化，而不是全部公共文化服务的均等化，并且其内容和范围会随着经济社会的发展而不断发展变化。就现阶段而言，基本公共文化服务均等化主要是保障人民群众的基本文化权益，这些权益主要包括"保障人民群众看电视、听广播、读书看报、进行公共文化鉴赏、参与公共文化活动等基本文化权益"[②]。

[①]《中共中央关于深化文化体制改革推动社会主义文化大发展大繁荣若干重大问题的决定》，人民出版社 2011 年版，第 23 页。

[②] 同上。

其次，公共文化服务均等化不等于"平均化"，均等化是指全体人民提供的公共文化服务的效果大体均等，而不是提供内容完全相同的公共文化服务和在公共文化资源上的等额分配。最后，公共文化服务均等化强调公众在公共文化产品和服务的享有上具有均等的机会，而不是抹杀社会的差异性，强制性地让人们接受内容和数量上完全相同的公共文化产品和服务。

基本公共文化服务均等化的实现，要依循一定的原则逐步建立起结构合理，资源配置平衡，运营高效的公共文化服务体系。这些基本原则指明了基本公共文化服务均等化的发展方向，对于基本公共文化服务均等化的实现具有指导性意义。公共文化服务均等化的原则主要包括三个方面：第一，均等性和广泛性原则。根据罗尔斯的正义理论，自由平等原则是第一正义原则，这要求每一个社会成员都应该在公共文化产品和服务享受的种类和受益程度两个层面上，享受大致相等的公共文化产品和服务，以解决城乡、地区和阶层之间文化发展成果分享不均衡的问题，实现最终的结果公正。同时在受益主体上要坚持广泛性原则，根据罗尔斯的正义理论，机会均等原则是第二正义原则，这要求所有社会成员都具有享受基本公共文化服务的平等机会，政府多提供的基本公共文化服务能够被最大多数社会成员平等享有。第二，公平性原则。公平性原则是人权平等和社会公平价值理念在公共文化服务均等化问题上的体现。它要求全体社会成员在获取基本公共文化资源、享受基本公共文化服务时，获得服务的机会公平，服务内容公平和服务过程公平。服务机会公平是指基本公共文化服务的享受应该不分地域、身份、年龄和性别，实现基本公共文化服务惠及全民。服务内容和服务过程公平是指不论服务对象为何人，均有权享受到同样的和程序公平的对待，从而享有平等的文化服务。第三，参与性原则。在基本公共文化服务提供的过程中，政府有责任保障公民能够充分地参与公共文化产品和服务的生产和提供的各个环节。公民通过参与公共文化政策的制定、执行和监督过程，使其对基本公共文化服务的诉求得到充分、及时的表达。通过参与公共文化活动的举办，文化成果的创造，激发公民的文化创造活力，从而为公共文化服务体系的建设注入持续的活力。

二　公共文化服务均等化实现的路径选择

公共文化服务均等化的实现需要以均等化为目标方向，以合理的财政投入结构为基础，以提升政府公共文化服务职能为重点，以体制机制创新为动力，形成健全完善的公共文化服务体系。

第一，形成以实现公共文化服务均等化为目标和重点的财政投入结构。社会主义市场经济体制与社会主义和谐社会建设要求建立惠及全民的公共财政体系，以促进基本公共服务的均等化。因此，财政投入结构对于公共文化服务均等化的实现起到基础性的导向作用。要以推进基本公共文化服务均等化为突破口，调整和优化财政支出结构，逐步增加国家财政投资规模，将更多的财政资金投向公共文化基础设施等方面的建设。要建立统一、规范、透明的财政转移支付制度，以平衡各地区各级政府财力不均衡的情况。要以实现公共文化服务均等化为基本目标，坚持公平、公开的原则，用客观科学的方法规范各级政府间的转移支付，使各级政府的职权、责任和财政预算相匹配，保证基层政府有效地履行其职责。在具体的转移支付的方式选择上，可以采取上下级政府之间的纵向支付，与同级政府之间的横向支付相结合的方式，逐步推行东部发达地区支援欠发达地区，以加快区域间的协调、均衡发展。要增加文化的专项转移支付的额度，确保一定数量的转移支付资金用于基层公共文化服务，以平衡财政资金在城乡和地区之间的配置。要根据地区发展的现实情况，合理确定不同地域和不同种类公共文化服务之间的财政投入结构。在中央财政新增财力中要安排一定数额用于不发达地区和中西部地区，以解决这些地区财力不足的问题，加大对民族地区、边疆地区、革命老区等转移支付的力度。要完善财政转移支付的法制化建设，用法律形式将转移支付制度的原则、内容、形式、预算和监督等确定下来，保证转移支付的制度化，从而为公共文化服务均等化的实现建立稳固的财政保障基础。

第二，发挥政府在推动公共文化服务均等化实现中的主导作用。公平正义的理念应该是现代责任政府的核心理念和价值选择。在推动基本公共文化服务均等化的实现中发挥主导作用，这是现代服务型政府的基本职责和重要职能。在公共文化服务体系建设过程中，政府要在政策法规、发展规划和经费投入等方面发挥主导作用，以基本公共文化服务均等化目标的实现为发展方向。要通过转变政府职能推动基本公共文化服务的均等化，政府要正确定位自身的角色，在充分发挥主导作用的基础上，积极引导适合力量支持欠发达地区和农村地区的公共文化建设，推动公共文化服务均等化的社会化发展。政府的文化资源政策更多地向欠发达地区和农村地区倾斜，将这些地区的人民群众能够共享文化发展成果作为实现基本公共文化服务均等化的中心和关键环节。在统筹城乡公共文化服务建设方面，坚持一体化发展和多元化供给相结合的战略。一体化发展强调政府要做到统筹兼顾，文化政策的制定要以不同区域发展现状为依据，将东西部地区和城乡作为一个有机整体来统筹规划，以实现地域和城乡之间的文化资源共享。多元化供给则强调在基本公共文化服务的供给主体、渠道和方式上的多元化，积极引导社会力量参与供给，在公共文化供给数量和质量两个方面均得到提高。要加强文化民生建设，加大惠民工程建设和农村重点工程建设的力度。政府要加大财力支持公共文化基础设施的建设，要逐步实现图书馆、美术馆和博物馆等公共文化服务场所对公众的免费开放，要给乡村文化站和基层公共图书馆的发展提供必要的基础支撑，免费开放公共文化服务场所和设施，注重基层公共文化基础设施的投入和建设，是基本公共文化服务均等化实现的重要手段。

第三，推动公共文化体制机制变革，为公共文化服务均等化的实现提供制度和机制保障。创新公共文化体制机制是推进公共文化服务均等化的重要突破口。要理顺各级政府在公共文化服务的具体职责和功能，科学界定各级政府的财权和事权。对于公共文化服务的宏观规划和决策，应由中央和省级政府和文化部门负责，进行宏观的统筹规划。基层政府和文化部门在负责公共文化服务的具体开展过程中，也应注意具体权责的划分。在公共文化服务提供过程中形成县乡政府和文化部门进行决策、乡镇政府和文化站开展实施、县级文化主管部门进行监督指导相结合的三个层次。这种权责明确的划分方式，有利于调动各方面的积极性，形成既相互合作又相互监督的公共文化服务运行机制。要尊重公共文化服务对象的主体愿望与需求，建立公共文化服务的民主决策机制，实现由传统的政府决策机制向注重民众参与决策的民主互动决策机制转变。要通过健全基层公共文化需求的表达机制，广泛听取公众的现实文化需求和愿望，以形成对公共文化服务供给结构和供给效率现实情况的及时反馈，从而促进公共文化政策的不断调整，以实现基本公共文化服务均等化的现实目标。

第五节　文化发展成果共享的评估机制

在文化发展成果共享的机制构建中，对文化发展成果共享是否实现以及实现程度的考核和评价，是整个机制体系中具有约束性和监督性的重要环节。受到 20 世纪 80 年代以来"重塑政府"运动的影响，公共文化管理领域逐渐引入绩效管理的方法。所谓"绩效"是活动对象的行为和结果表现，是所有对象追求的终极目标，体现为是否有效以及是否令人满意。效率、效果、直接产出和间接产出是对绩效进行量度的四个要素。公共文化服务的绩效，包括客观的基本公共文化服务水平，即在一定经济发展水平下，政府、社会和市场供给的基本公共文化服务的数量和质量。同时，也包括主观的基本公共文化服务感受，即人们对于一定经济发展水平下，政府、社会和市场供给的基本公共文化服务的数量和质量的主观感受和满意程度。作为一种改进和提升公共文化部门管理和效能的工具手段，绩效管理在内容、程序和评估结果等方面，需要形成一套规范化的理论体系和科学的技术方法。

一　公共文化服务绩效评估的基本要求和基本原则

公共文化服务的评估要以促进政府和公共文化服务机构履行相应服务职能、提升公共文化服务质量为基本目的和宗旨。这一目的和宗旨，指明了公共文化服务评估机制体系构建的基本要求和基本原则。具体到实践中，公共文化服务评估应满足的基本要求是：公共文化服务评估应能够促进公共文化服务的透明度和公平性，应有助于改善公共文化服务的提供过程，增强政府的回应性和公众的知情权。首先，作为公共文化服务的对象，社会和公众有权利了解公共文化服务的政策形成与实施过程。要通过创建公共文化服务评估体系，提高公众观察、监督政府和社会公共文化服务机构决策过程的能力，通过增加公共文化服务的透明度改善政府对公共文化服务需求的回应能力。公共文化服务评估还要促进公共文化服务的公平性，督促公共文化服务范围能够惠及更多人，尤其是对社会弱势群体的社会包容性和关注度，应是公共文化服务评估的重要内容。其次，公共文化服务评估应该有助于改善服务提供过程，具有有效性。被评估的单位需要证明它的计划和方案，以及其服务产生了预期的结果，并能提供优质服务渠道，以实现在数量和质量上有效地达到公共文化服务的目的。这就要求公共文化服务的提供要做到方便及时、渠道畅通和用户至上。在公共文化服务的提供过程中，各项服务应在时间和方式上都方便于民，用量化的指标来提高服务的效率。如政府可以通过革新服务的程序，扩展服务范围、改进服务质量和提高服务效率。最后，公共文化服务评估应有助于增进政府的回应性，强化公众的知情权。在对公众的意见和需求快速作出回应的基础上，政府通过公布综合性的公共文化服务指导，制定具体实践指南，以改善公共文化服务品质和关键领域的服务绩效，为公众提供有效率的公共文化服务，以更好地满足公众的文化需求。

公共文化服务绩效评估体系应当能够系统地反映四个方面内容：一是公共文化服务的投入费用，这是公共文化服务绩效评估的重点内容；二是对不同类别公共文化服务项目的流程及其绩效评估；三是公共文化服务绩效评估要反映公共文化产品与服务的种类、数量和规模；四是要反映公共文化产品和服务所产生的影响和公民的满意度。因此，公共文化服务绩效评估体系的构建，要遵循以下几个基本原则，以系统地反映公共文化服务的输入、过程、输出和结果四个基本方面。首先，经济原则。经济成本是公共文化绩效评估的首要问题，以最小的成本获得最大的收益，是绩效评估体系的基本要求。公共文化服务绩效评估要对公共文化服务投入经费的数量和使用情况是否合理进行评估，以经济指标的形式反映公共文化服务获得的资源水准和投入成本。其次，效率原则。效率体现的是投入与产出的比例关系，即反映的在一定时间内，预算投入与产出结果之间的关系。公共文化服务的效率，分为生产效率和配置效率。生产效率是公共文化产品和服务的平均成本；配置效率是公共文化资源配置的效率。再次，公平原则。公平是公共服务型政府绩效的重要衡量指标。公共文化服务绩效评估的公平原则要坚持公共文化服务主体与客体的公平。要将地区间和城乡间的群体公平，与公共文化服务项目的客体公平统一起来，关注不同社会阶层和群体的文化权利是否得到满足，特别是弱势群体是否能够得到更多的公共文化服务，使所有群体和个人享受基本公共文化服务。最后，民本原则。中国特色社会主义文化是人民共建共享的文化。在公共文化服务绩效评估中要尊重人民的主体地位，在公共文化服务绩效评估指标体系的设计上坚持以人为本，尊重民众的现实文化需求和基本文化权利，重视民众在公共文化服务评估中的地位和作用，以最大限度地满足公众文化需求为价值旨归。

二 公共文化服务绩效评估体系的构建

由于体制制度因素和经济社会发展水平的制约，我国的绩效评估起步较晚，目前尚无完整系统的绩效评估相关法律法规，并且还存在着绩效评估目的用途简单化，绩效评估结果利用上缺乏规范化，缺乏有效的监督反馈机制等问题。因此，建立系统科学有效的公共文化服务绩效评估机制是十分必要的。通过公共文化服务绩效评估，有助于督促政府职能转型，进一步凸显政府公共文化服务职能，提高公共文化服务的效率。

（一）推进立法工作，为公共文化服务绩效评估提供制度保障

公共文化绩效评估的顺利开展必须建立在法律、制度的刚性保障之上。从国际经验来看，西方国家都十分注重立法建设，给公共文化服务绩效评估提供相应的法律制度保障。例如英国 1983 年的《国家审计法》从法律角度表述了绩效审计，授予审计署检查各部门使用资源的经济性、效率及效果的权力。1997 年颁布的新《地方政府法》进一步规定，地方政府必须实行最佳绩效评估制度，各部门每年都要进行绩效评估工作，要有专门机构和人员及固定程序。美国国会 1993 年通过的《政府绩效和结果法案》以法律形式要求所有联邦机构使用和发展绩效评估技术并向公民报告绩效状况。此外，加拿大、澳大利亚、日本和韩国等国也都从不同方面对政府绩效评估加以法律规定。与此同时，为了与绩效评估的整体法律架构相配合，公共文化服务项目也相应设立了具体法案。以英国为例，1850 年英国就通过了《公共图书馆法案》，许可

各地筹建图书馆，并向居民免费开放。1964 年的《公共图书馆和博物馆法案》中明确提出，图书馆提供的服务范围要面向所有公众，确保图书馆的书籍在数量、范围和质量上能够满足成人和儿童的需要，以鼓励成人和儿童充分利用图书馆服务。之后 1999 年的《地方政府最佳服务效果法案》中，进一步对地方政府的文化绩效提出了具体的指标和要求。上述国家在悠久的法制传统基础上，通过加强立法工作，推动本国公共文化服务绩效评估的整体框架也建立在相应的法律制度基础之上，使公共文化服务绩效评估的运行更加科学、系统和规范。我国目前在公共文化绩效评估相关法律法规制度上的建设还很不完善，绩效评估实施过程中的组织建设、人才培养以及评估指标体系、评估程序和评估方法等方面，都还没有形成科学合理的制度化模式。因此，加强立法工作，在法律上明确绩效评估在政府管理中的重要地位和特殊作用，为公共文化服务绩效评估提供相应的制度和发展保障，才能保证绩效评估目标的合法性和绩效工作的顺利开展。

（二）推动开放性和民主化建设，促进公共文化服务绩效评估主体的多元化

作为公共文化服务绩效评估的核心要素，绩效评估的主体应在政府主导下，逐步引入社会力量，实现评估主体多元化发展，是绩效评估的一个重要发展趋势。受历史传统和现实因素的影响，我国公共文化服务的评估通常是采取上级政府对下级政府进行评估的单一主体、单向评估的方式。这种评估方式缺乏社会和公众的有效参与，在评估的科学性和评估效果等方面都不能真正发挥绩效评估本应发挥的作用。因此，要坚持开放性和民主化的发展方向，积极引导社会力量参与绩效评估，推动内部评价与外部评价、官方评价与民间评价相结合，构建由政府、公众和专业组织及人士参与的多层次和多元化主体的公共文化服务绩效评估体系。公共文化服务绩效评估主体系统构建，主要应该包括以下几个方面：

第一，政府。在传统计划经济体制下，受历史和体制因素的影响，我国公共文化绩效评估的主体一直都是政府，并且政府是唯一的评估主体，在绩效评估中具有较高的权威性。政府作为评估主体具有一定优势，对于机制运作和把握以及简化评估程序具有积极作用。但是这种单一的评估主体和考核方式，不利于公共文化绩效评估的科学性，使很多评估往往只流于形式。因此，在公共文化服务绩效评估体系构建中，坚持多元主体的同时，积极发挥政府的内部自我评估的作用，注重坚持政府在多元主体中的主导地位。

第二，公众。社会公众对于公共文化服务的整体印象以及综合评价是文化部门考察的目标对于文化机构开拓新的文化领域，了解潜在的文化需求有着直接的意义。作为公共文化服务的接受者，公众的评价更具客观性。公众直接参与公共文化服务绩效评估，对于公共文化部门改善公共文化服务供给，提升公共文化服务质量起到重要的激励和推动作用。要充分发挥公众的创造性，积极引导公众参与公共文化服务绩效评估。通过开展民众参与性较强的文化活动和组织多种形式的民间文艺活动，提高普通民众在公共文化服务监督和评价的参与度，增强政府对公众文化需求的回应能力，以提高公共文化服务的质量。

第三，第三方调查力量。由各种行业性评估机构和各类专家学者组成的综合委员会，是公共文化服务绩效评估的外部主体，进行外部监督和评价。这种由第三方组织的评价，与政府没有任何利益关系，能够保持相对独立性，自主地制定相关评价标准和内容，在保证公共文化服务绩效评估的客观性和全面性方面发挥了积极的作用。同时，各类专家学者参与评估过程，发挥专家学者的学术专长，对于公共文化绩效评估的科学性和专业化发展，也起到重要的推动作用。

（三）明确公共文化服务绩效评估的基本维度，设计科学合理的绩效评估指标和评估模型

在公共文化服务绩效评估中，依据评估目标和主题确定评估范围和基本维度，对于绩效评估项目的全面性、评估层面的条理性和评估标准的可行性具有重要作用。我国公共文化服务绩效评估的基本维度包括以下几个方面：一是财政投入。作为公共文化服务的主要责任主体，政府理应积极履行为公共文化服务提供基本的财力保障的职责，这是绩效评估的主要内容。通过对政府财政投入及其使用情况进行综合评估，能够推动公共文化服务实现规范化的发展。二是发展规模。一定规模的公共文化设施和一定数量的公共文化活动是公共文化服务发展的重要载体。具有一定规模并且空间分布合理的公共文化服务设施和载体，能够使公共文化服务绩效评估实现量化的测量，有利于公共文化服务绩效评估的客观性，是公共文化服务绩效评估基本维度的重要内容。三是社会参与。公共文化服务社会化和市场化的发展趋势，客观要求公共文化服务的运作机制的转型，大力吸引社会力量参与公共文化服务项目和活动。从测度公民参与度的视角，最能直接客观地反映民众对公共文化服务的真实需求，这一公共文化服务绩效评估的基本维度最具直接性和客观性。四是公众满意度。根据发达国家的经验，采取问卷调查的形式调查公众的满意度，通过这一维度，更好地实现了对公民文化权利的尊重，更好地体现了对公共文化服务以人为本发展方向的坚持。

在确定公共文化服务绩效评估基本维度的基础上，就可以形成绩效评估的基本指标，在直接关系到评估体系的有效性和评估结果的公正性以及可信度的问题上，是整个绩效评估的关键环节。公共文化服务绩效评估的基本指标的设定应该遵循以下原则：一是目标一致性原则。在公共文化服务绩效评估中，要做到绩效评估的指标体系、被评估对象的战略目标和绩效评估的目的之间的统一。二是可测性原则。公共文化服务绩效评估的指标分为量化指标和非量化指标，这些指标要具有可测性和现实可行性。量化指标具有可测性的同时，非量化指标应用定性描述性的语言进行定义，以获得明确的评估结论。三是整体性原则。公共文化服务绩效评估指标体系内部的各个指标要相互衔接，以全面、系统地反映公共文化服务绩效评估的数量和质量要求，有效地衡量公共文化服务的整体绩效水平。四是可比性原则。在公共文化服务绩效指标体系中，同一级指标之间必须相互独立，并能反映公共文化服务的绩效属性。指标的确定要有相应一致的要求，以便于比较；要与已有的指标在口径、范围等方面保持一致性和可比性。五是可行性原则。公共文化服务绩效指标的确定要有针对性和可操作性，要根据实际需要设定相应指标，使指标建立在切实可行的基础上，做到有的放矢。在公共文化服务绩效评估的模型选择问题上，要构建在绩效评估中引入公众和评估专家的复合型政府绩效评估模型。在政府、公众和专家之间建立相互合作与制约的机制，实现在公众参与和专家论证基础上，政府再进行决策的体制结构。这一模型的构

建，需要设计公众、专家、政府三方并存的多元评价主体制度，根据
不同评价主体和评价对象设计不同的指标体系，对公共文化绩效实施
全方位评估。在评价方式上，要做到指标的量化处理，通过选择若干
量化指标，从数量上描述公共文化服务的总体状况，并注重数量指标
与质量指标相结合。要重视公众与专家之间的沟通和信息交流，二者
在相关信息方面的交流和沟通，有助于绩效评价的新政策制定和修
改。上述将公众参与和技术理性加以结合的复合型政府绩效评估模
型，调动了政府、公众和社会力量，发挥了各方面的优势，是当前公
共文化服务绩效评估模型选择的一种优化选择。

（四）加强信息网络技术的运用，提高公共文化服务绩效评估的科
学性

公共文化服务绩效评估水平的提高，需要有先进的技术运用和技术
创新作为支撑。科学的公共文化服务绩效指标体系的建立，要通过公共
文化绩效评估数据管理系统，使文化数据统计收集工作不断完善。以国
外发展经验为例，国外许多国家的公共文化服务绩效评估指标中，有超
过一半的绩效指标是以现有文化绩效数据源为基础建立起来的，因此文
化基础数据统计收集是确立新的绩效指标的基础和来源。与此同时，公
共文化服务绩效评估应与先进的网络和信息技术相结合，通过信息网络
技术的运用，针对不同部门运用不同的评价方法技术，既方便公众参与
到公共文化服务的战略决策和服务信息反馈等绩效管理过程，又可以简
化工作程序，提高公共文化服务绩效评估的效率。当前，我国网民已经
超过五亿，网络信息技术覆盖了我国城镇和广大农村，我国公共文化服
务绩效评估已经具备充分利用信息网络技术的条件。信息网络技术的支
撑为公共文化服务绩效评估提供了广阔而便捷的平台。政府部门通过官
方网站，在网上进行民意调查，听取意见建议，鼓励民众利用网络对公
共文化服务进行评估，以督促政府及公共文化部门及时调整公共文化政
策和公共文化服务的供给。这对于增强政府和公共文化部门对公众文化
需求的回应能力，提高政府和公共文化部门的工作效率和强化其公共文
化职能，以及推动公共文化服务绩效评估的便捷、透明和高效发展都具
有重要意义。

第六节　文化发展成果共享的公众需求
表达和参与机制

中国特色社会主义文化是人民共建共享的文化，以人为本是公共文化服务的目标宗旨。以人为本，尊重人民现实的文化需求，是文化建设的起点，是尊重公民文化权利的伦理取向。因此，在文化发展成果共享机制构建中，设计畅通的公众需求表达机制和多渠道的公众参与机制，是提升公共文化服务水平和实现文化发展成果共建共享的重要环节。

一　公众需求表达机制的设计

作为公共文化服务最终的受益者，社会公众对于政府和公共文化服务机构提供的公共文化服务和产品的质量的评价，最具有话语权。要实现公共文化产品和服务的最优供给，就需要设计科学合理的公众文化需求表达机制，通过公众需求表达机制反馈的信息，调整公共文化资源的投入方向，实现公共文化服务的有效供给，将社会效益与经济效益真正统一起来。

（一）建立公众需求表达能力提升机制

公共文化服务要实现有效供给，一个决定性因素就是公众公共文化服务的需求表达能力。目前，我国公众总体需求表达能力与现实需求之间还存在很大差距，进一步提升公众的文化需求表达能力，是提升公共文化服务水平的必然要求。要通过宣传教育，培育公众需求表达的意识，培育文化自觉。由于公众的需求表达能力受到自身思想观念的影响，要提高公众需求表达能力，必须注重观念的转变。要在现有文化需求的基础上，通过不断提升文化服务的广度和深度，激发公众对文化的内在渴望，从而培育出新的文化需求，形成公共文化需求培育机制。在此基础上培育公众文化自觉意识，并大力发扬民间文化，通过公私合营，建立政府主导、市场引导、社会参与的公共文化服务的公私合作模式，以对民办文化企业和公众文化团体给予一定的政策和资金的支持，从而给公众需求表达能力的提升提供有效的载体和平台。要完善公共文化服务需求表达的配套制度建设，加强有利于公众需求表达的相关配套制度建设和完善，例如完善政府公共信息发布平台的建设，将公共文化服务过程主动向社会和公众开放，并且借助必要的工具和手段让公众更轻松更便捷地获得信息，从而减少公众个人参与所需花费的成本。同时，要建立有效的需求表达激励机制，积极鼓励公众对公共文化需求进行表达，以增加需求表达信息的广度和深度。这种激励机制的建立有利于对公众需求反馈信息的收集，以集中社会力量推动公共文化服务体系的建设。要注重打造文化精品，以发掘、培养人才为前提，以公众文化需求反馈信息为依据，进行文化精品的打造和培育，通过不断提升文化服务和文化产品的品质，引导公众欣赏和享受高品位文化服务和文化产品，对于提升公众艺术修养和文化素质都起到潜移默化的作用。

（二）畅通公众需求表达渠道机制

公共文化产品和服务的供给主体应创造条件、构建渠道使每一个公民都有平等的机会接近公共文化决策，以克服公众需求表达渠道缺失和不畅，这一公共文化服务结构性失衡的症结。公众的需求表达按照表达或信息搜集的目的，可以分为两类：第一类是仅以获取信息为目的的公民表达技术；第二类是以获取公民对政策的认可和接受为目的，赋予公民一定影响权力的表达方式。按照国内外成功经验的借鉴，第一类以获取信息为目的的公民表达可以选择公民信访、公民调查和网络交流平台等有效途径；第二类以获取公民对政策的认可和接受为目的的信息收集，可以根据具体情况，通过公民听证会、咨询委员会和协商调解等渠道。要构建多渠道的公众公共文化服务需求表达机制，需求表达渠道的设置要有针对性。要通过社区、学校、公共文化服务设施和各种媒体征集反馈意见，针对不同人群设置特定的需求表达渠道。例如要强化对弱势地区和弱势群体的扶持，加强公共文化统一规划与管理，推动公共文化资源共建共享，保障"文化低保"地区和群体的利益。对外来务工人员、留守儿童、孤寡病残等弱势群体要设有专门的需求表达渠道，并提供具有针对性的公共文化服务。同时，要通过设立公共文化服务意见征集热线、网站栏目，在公共文化服务设施、基层文化站点内设置意见箱，设定领导接待日，定期开展公众满意度调查等方式，扩大公众需求表达渠道的广度和深度，以利于构建和畅通多渠道的公众公共文化服务需求表达机制。

（三）构建公众需求反馈的信息处理和评价机制

公共文化服务的需求反馈是在服务对象形成文化需求之后，通过一定的渠道和方式向服务供给主体或相关监管部门表达需求的过程与路径。公共文化服务需求反馈包括事前反馈和事后反馈，事前反馈是在公共文化服务提供前提出的需求；事后反馈则是在公共文化服务提供后针对需求满足情况作出的反应。公共文化服务以追求公平性为价值取向，其需求反馈机制必须是能以不同形式接收到不同层面的反馈信息的双向多维反馈机制。这种需求反馈是互动的双向反馈，针对不同的服务对象采取的表达渠道也有区别。为了使意见征询对象更全面，反馈信息更客观准确，就需要构建多渠道、多层次的多维反馈机制。对于通过各种渠道征集的公共文化服务需求的反馈信息，各文化服务供给单位和监管部门要定期进行汇总、分析和处理，并形成制度，实现常态化，从而使需求反馈信息能够及时有效地转化为公共文化服务调整和完善的推动力量。同时，将需求反馈信息中的内容与公共文化服务各个环节相结合，还需要建立公共文化服务需求反馈回复评价机制。需求反馈回复与评价机制包括公共文化服务主体和监管部门对信息提供人的回复及公共文化服务监管部门对服务主体的评价。将需求反馈信息与公共文化服务各部门的考核指标和评估指标相结合，使需求反馈信息有机地融入公共文化服务主体的各项工作中，并进一步激发公众表达需求的欲望，使公众需求成为公共文化服务工作的出发点和目标。

二　公众参与激励机制的设计

政府、公共文化服务机构和第三部门等公共文化产品和服务的供给主体所提供的公共文化产品和服务，以实现公共文化服务满足公众基本文化需求为目标。而要实现这一目标，就离不开公共文化服务的受益者——公众的积极参与。作为公民基本文化权利的重要内容，鼓励公民积极参与公共文化生活，是尊重公民文化权利的重要体现。同时，公民积极参与公共文化生活，也是享受文化发展成果的重要途径和方式，只有鼓励公民积极参与公共文化生活，才能够更为客观全面的体现公民现实的公共文化需求，以引导公共文化服务正确的发展方向。著名经济学家、政治学家和管理学家德鲁克认为，政府"管理的目的在于——出色的服务"①，政府在公共文化服务的决策和供给过程当中处于核心和主体地位，但是政府职能的有限性也决定了在公共服务和市场监管等方面政府会存在缺陷和不足。德鲁克认为政府失灵问题的解决办法是政府要有明确的目标和管理方法，要形成一整套包括目标的制定、分解、实施、评估等环节在内的目标管理过程。而在这一管理过程中，公民的积极参与和监督，是弥补政府缺陷的关键。通过公民积极有序的参与，能够影响政府公共文化政策的制定，增强公共文化政策的科学性，使公共文化决策符合大多数社会公众的利益，确保公共文化政策的公共利益的价值取向。在参与公共文化的决策和服务过程中，还能够增强公民的文化自觉和公民意识，激发公民参与公共文化生活的积极性和文化创造活力，为公共文化服务体系的建设提供持续的发展动力，以体现中国特色社会主义文化共建共享的重要特征。

公民参与公共文化服务包括两类：一类是由参与公共文化活动、参与公共文化服务的供给和参与公共文化服务的评估三个环节组成的公民个人参与；另一类是以社区、非营利组织和营利组织参与为依托的公民有组织参与。当前，要构建公民积极参与公共文化机制，既要从宏观层面培育公民公共文化参与的文化自觉，完善公民文化参与制度，又要从微观层面设计多样有效的公民参与公共文化服务的载体和机制。

（一）培育公民参与意识和参与能力

受到传统计划经济时期思想和现行行政管理体制的影响，公民参与公共文化服务的意识不强，多数公民没有把参与公共文化服务看作是公民的基本权利的意识。同时，受自身素质和对公共文化政策的掌握和理解程度的影响，公民参与公共文化服务的实际能力不高，参与效率比较低，尤其是农民工等社会弱势群体参与公共文化的能力和机会则相对更低和更少。针对当前我国公民参与公共文化服务的意识和能力都不高的现状，政府要在保障每个公民都享有平等的参与机会的基础上，通过制定相应政策和法规培养公民的参与意识和参与能力。作为公共文化服务的主体，政府首先要树立公共文化服务的理念，克服传统文化行政管理观念的弊端，积极建设服务型政府。要在文化行政管理理念中树立以人

① ［美］斯蒂尔曼：《公共行政学》（下），中国社会科学出版社 1988 年版，第 109 页。

为本，主权在民的民主理念。以人为本，主权在民的理念强调政府要通过履行公共文化服务的职能，创造一切条件，尽最大的可能满足公民的文化需求，保障公民的基本文化权利的实现，以达到真正服务于人民的宗旨。只有在这一理念下，政府才能够坚持以公共服务为中心的理念，才能贯彻民主思想，建设好公共服务型政府。

上述政府文化行政管理理念的转变是政府培养公民参与意识和能力的前提。在这一理念指导下，政府要通过制定法规和政策，逐步提高公民参与公共文化服务的意识和能力。按照国际经验，法国通过重视学校的艺术教育和文艺活动，从小培养孩子们的艺术修养，并通过规定18岁以下儿童可以免费参观由国家管理的博物馆等政策，鼓励青少年从小就积极参与公共文化活动，从小就注重培养孩子们的参与意识和能力。而在英国，对于艺术组织为发展新观众和艺术参与者所从事的向外拓展的工作十分支持，并将艺术组织的吸引公众的参与度与其研究和评估的项目联系起来，作为一个重要的评估内容。当前，我国要培养公民参与公共文化服务的参与意识和参与能力，要采取多种手段和渠道，开展各类公共文化参与的教育活动。可以通过借助学校教育、家庭教育、社区教育和大众传媒教育等载体，积极引导公民价值观和责任感的培养，增强公民的社会文化认同感和参与公共文化的意识。要增强公民参与公共文化的信心，丰富参与实践，提升参与能力。要积极推进民主化建设进程，让公民在民主参与实践中，切实体会民主的内涵、真谛以及民主的具体程序。通过民主参与实践，公民的参与行为不断模式化，公民的参与意识和参与能力才能得以不断提高。在具体实施过程中，要注意民主参与实践要从关系到公民切身利益的公共文化活动开始，可以以社区等基层组织为载体，开展社区文化活动，让公民参与到社区公共文化建设和公共文化基础设施建设，使公民参与到涉及自身利益和自己关心的问题的决策和建设过程中，从而激发公民的参与热情和积极性。通过这种有效参与不断提升公民的民主参与意识和参与素养，从而为以后开展多方面、更广阔领域的公民参与创造条件。

（二）拓宽公民参与公共文化服务的方式和渠道

要实现公民的有效参与，就需要增强公民在公共文化服务参与中的针对性和可行性。要通过扩展公民参与公共文化服务的方式和渠道，针对不同的参与主体采取不同的参与方式，使各参与主体在公共文化服务建设中的参与功能更加充分地发挥，以提升公共文化服务建设过程中的公民参与度和参与效果。政府要积极构建公民参与的平台，结合信息化网络化的时代特征，大力发展电子政务。一方面，政府要积极借助信息网络技术的发展，建设电子政府，转变政府职能，通过发展电子民主，给公民的有效参与提供方便快捷的平台，构架政府与公民之间的沟通交流的中介和桥梁；另一方面，政府要加强对网络信息空间体系的规范和管理，通过加强网络立法，对网络信息系统进行监控和管理，建立网络伦理规范体系，以确保公民的参与有序和规范，并能够坚持以弘扬积极向上等正能量为导向，实现对公共文化活动的积极有序参与。在借助网络信息化技术和发展电子民主的平台基础上，公民参与公共文化生活的方式和渠道可以具有针对性，采取多样化的公民参与方式。

在公民参与公共文化服务的实践中，可以针对不同的参与主体，采取多种参与方式，以使公民参与的有效性充分发挥和实现。主要可以采取以下几种方式：一是关键公众参与。这种公民参与形式，主要是文化管理者通过召开专家论证会或者调查研究的方式，向文化界和学术界的专家学者，向与公共文化政策制定有直接联系的关键人物进行咨询，听取他们对现有文化政策的意见和建议，以使公共文化政策的制定更加科学和专业化。二是公民会议。关键公众参与只是针对特定的群体参与公共文化服务的一种参与形式，而与之相比较，公民会议则是更为广泛的公民参与。公民会议包括由社会各个阶层普遍参加的大型会议和部分公民参与的小型会议。大型的会议主要是涉及一个地区整体发展规划和文化政策的讨论和制定，小型的会议主要是对文化规划中的某一议题或者某一具体文化项目进行讨论。三是咨询委员会。这一参与形式是由包括专家和相关利益群体组织组成的委员会，并可以设立常设机构，就相关文化政策进行建议，相关文化项目进行审核，相关文化活动进行咨询，相关文化要求进行集中反映。由于专家学者在咨询委员会中所占的比例较大，这一参与形式有助于公共文化服务的专业化发展。四是公民调查。这一参与形式是通过政府运用调查问卷的方式，指定相关人员进行随机抽样，来广泛征求公民对公共文化服务的意见。这种参与形式十分有利于直接真实反映公民的现实文化需求，对于提高公共文化服务的水平，建立对政府公共文化服务的激励和监督机制具有重要作用。五是协商调解。这种参与方式是通过第三方的力量，在有争议者之间进行调解，引导各个利益集团利用协商的方式来解决争议问题。这一参与方式在公共文化服务政策决议中的运用越来越广泛，成为公共文化政策议程中的重要方式。

（三）构建多元化的公民参与公共文化服务的有效载体

公民有组织的参与公共文化服务，需要通过中介组织的协调，形成与政府沟通合作的桥梁。这种联系和协调公民与政府共同参与公共文化服务建设的中介桥梁，包括以社区、非营利组织和营利组织为依托的多种参与形式，是公民参与公共文化服务的重要组织载体。

在公共文化服务体系建设中，社区参与是公民参与公共文化活动的基本形式。通过加强对社区文化的建设和规范，以公民文化生活需求为导向，以丰富多样化的内容、精细周到的服务、规范化的管理和现代化的服务设施，吸引公民参与到社区公共文化活动之中，从而为公民参与公共文化生活、享受文化发展成果和充分利用公共文化资源和设施提供良好的平台。与此同时，在农村要通过完善村民自治，组织农村居民利用农村社区积极参与公共文化决策和公共文化活动。作为一种自我管理和自我服务的组织形式，村民自治有助于农村居民平等参与本村公共文化政策的制定和监督，有助于农村居民平等参与公共文化活动权利的实现和维护。除社区参与之外，非营利组织参与是公民参与公共文化服务的另一重要载体和形式。作为公共文化服务社会化、市场化的主要参与者，非营利组织多由非政府组织和志愿者组织组成，其在参与公共文化服务过程中，通过提供公共文化服务和协助政府承担部分文化管理职能，在弥补政府公共文化服务不足、提高公共文化服务质量等方面发挥了巨大作用，是沟通公民参与政府公共文化服务的重要中介和载体。政府要借鉴英、美等国"一臂之距"的发展经验，大力鼓励和支持非营利组织的发展，以充分发挥其在公共文化服务中公民参与的积极作用。相对于社区参与和非营利组织参与而言，营利性组织参与是公民参与公共文化服务的又一载体和补充形式。由于非营利组织在生产能力和市场竞争力等方面具有自身独特的优势，其参与公共文化服务的活动，能够丰富公共文化产品和服务的供给，给公共文化服务的建设注入活力和动力。营利性组织通过直接参与、承接项目和资助参股等方式参与公共文化服务，影响政府政策和公共文化决策的制定，成为公民参与公共文化服务的一种实现形式和载体。企业等营利性组织通过参与公益文化活动，通过举办社区公共文化活动，通过发展内部企业文化，客观上为公民参与公共文化服务搭建了中介和桥梁，成为公民参与公共文化服务的载体。因此，政府要通过媒体宣传和表彰、税收优惠等举措，鼓励和培育营利性组织参与公共文化服务的积极性，使企业等营利性组织在公共文化服务公民参与中的优势充分发挥。总之，政府作为公共文化服务的主体，要采取多种举措鼓励公共文化服务建设过程中的公民参与，积极培育和发展公民参与的有效载体，为公民的有效参与提供多种方式和渠道，使公民的有效参与更具现实性和可行性。

结　语

　　作为人类社会赖以生存和发展的基础，文化的发展和繁荣是人类历史发展和文明进步的重要推动力量和标志。全面建成小康社会的重要目标和内容之一就是文化建设，要建设更高水平的小康社会，就要让人民享有更加健康丰富的文化生活。党的十七大首次明确提出文化发展成果由人民共享的命题，并在以后的文化建设实践中不断强调和深化，这是对全面建成小康社会过程中文化民生和文化公平的积极回应，也是坚持中国特色社会主义文化由人民共建共享、保障人民基本文化权利的重要体现。近几年，我国文化发展成果共享机制的构建在实践中取得了诸多令人鼓舞的成果，但同时也出现了诸多问题和困难，如公共文化服务的政策和资金保障、公共文化治理机制的构建等问题，如何构建多元化的文化发展成果共享方式和渠道，如何提高公共文化产品和服务供给的质量和有效性等问题都是在进一步研究中需要关注的重点问题。由于学术界对这一命题的研究尚处于起步阶段，本书也只是在文化发展成果共享的相关理论和实践问题上做了初步的探索，以期起到抛砖引玉的作用，从而能够为以后的研究者提供一点思路。

参考文献

一 经典著作及党的重要文献

1. 《马克思恩格斯全集》（1—50 卷），人民出版社中文第 1 版。
2. 《马克思恩格斯选集》（1—4 卷），人民出版社 1995 年版。
3. 《马克思恩格斯文集》（1—10 卷），人民出版社 2009 年版。
4. 《列宁选集》（1—4 卷），人民出版社 1995 年版。
5. 《毛泽东选集》（1—4 卷），人民出版社 1991 年版。
6. 《毛泽东文集》（6—8 卷），人民出版社 1999 年版。
7. 《邓小平文选》（1—2 卷），人民出版社 1994 年版。
8. 《邓小平文选》第 3 卷，人民出版社 1993 年版。
9. 《江泽民文选》（1—3 卷），人民出版社 2006 年版。
10. 《江泽民论有中国特色社会主义（专题摘编）》，中央文献出版社 2002 年版。
11. 《十二大以来重要文献选编》（上），人民出版社 1986 年版。
12. 《十二大以来重要文献选编》（中），人民出版社 1986 年版。
13. 《十二大以来重要文献选编》（下），人民出版社 1988 年版。
14. 《十三大以来重要文献选编》（上），人民出版社 1991 年版。
15. 《十三大以来重要文献选编》（中），人民出版社 1991 年版。
16. 《十三大以来重要文献选编》（下），人民出版社 1993 年版。
17. 《十四大以来重要文献选编》（上），人民出版社 1996 年版。
18. 《十四大以来重要文献选编》（中），人民出版社 1997 年版。
19. 《十四大以来重要文献选编》（下），人民出版社 1999 年版。
20. 《十五大以来重要文献选编》（上），人民出版社 2000 年版。

21. 《十五大以来重要文献选编》（中），人民出版社 2001 年版。

22. 《十五大以来重要文献选编》（下），人民出版社 2003 年版。

23. 《十六大以来重要文献选编》（上），中央文献出版社 2005 年版。

24. 《十六大以来重要文献选编》（中），中央文献出版社 2006 年版。

25. 《十六大以来重要文献选编》（下），中央文献出版社 2008 年版。

26. 《十七大以来重要文献选编》（上），中央文献出版社 2009 年版。

27. 《十七大以来重要文献选编》（中），中央文献出版社 2011 年版。

28. 《建国以来重要文献选编》（第 4—7 册），中央文献出版社 1993 年版。

29. 《毛泽东邓小平江泽民论科学发展观》，中央文献出版社 2008 年版。

30. 《论文化建设——重要论述摘编》，学习出版社 2012 年版。

31. 《国家"十一五"时期文化发展规划纲要》，中国法制出版社 2006 年版。

32. 《国家"十二五"时期文化改革发展规划纲要》，人民出版社 2012 年版。

33. 《中共中央关于深化文化体制改革推动社会主义文化大发展大繁荣若干重大问题的决定》，人民出版社 2011 年版。

34. 《坚定不移沿着中国特色社会主义道路前进 为全面建成小康社会而奋斗》，人民出版社 2012 年版。

35. 《中共中央关于全面深化改革若干重大问题的决定》，人民出版社 2013 年版。

二　学术著作类

1. 蔡俊生等：《文化论》，人民出版社 2003 年版。

2. 蔡琪、孙有中：《现代美国大众文化》，中国经济出版社 2000 年版。

3. 曹爱军、杨平：《公共文化服务的理论与实践》，科学出版社 2011 年版。

4. 曹现强：《当代英国公共服务改革研究》，山东人民出版社 2009 年版。

5. 陈崇林：《新农村建设和公共服务》，中国社会出版社 2006 年版。

6. 陈昌盛、蔡跃洲：《中国政府公共服务：体制变迁与地区综合评估》，中国社会科学出版社 2007 年版。

7. 陈共：《财政学》，中国人民大学出版社 2009 年版。

8. 陈国权：《责任政府：从权力本位到责任本位》，浙江大学出版社 2009 年版。

9. 陈鸣：《西方文化管理概论》，书海出版社 2006 年版。

10. 陈文通：《科学发展观新论》，江苏人民出版社 2005 年版。

11. 陈威：《公共文化服务体系研究》，深圳报业集团出版社 2006 年版。

12. 陈瑶主编：《公共文化服务：制度与模式》，浙江大学出版社 2012 年版。

13. 陈正良：《中国"软实力"发展战略研究》，人民出版社 2008 年版。

14. 陈振明：《公共管理学》，中国人民大学出版社 2003 年版。

15. 程裕祯：《中国文化要略》，外语教学与研究出版社 1998 年版。

16. 迟福林：《改革与多数人利益》，中国发展出版社 2004 年版。

17. 迟福林：《以公共服务为中心的政府转型》，中国经济出版社 2004 年版。

18. 慈继伟：《正义的两面》，生活·读书·新知三联书店 2001 年版。

19. 褚松燕：《中外非政府组织管理体制比较》，国家行政学院出版社 2007 年版。

20. 戴诗炜主编：《邓小平文化思想研究》，国防大学出版社 1999 年版。

21. 邓力群主编：《毛泽东的文化思想》，中央民族大学出版社 2004 年版。

22. 丁煌：《西方公共行政管理理论精要》，中国人民大学出版社 2005 年版。

23. 范柏乃：《政府绩效与管理》，复旦大学出版社 2007 年版。

24. 范中汇：《英国文化》，文化艺术出版社 2003 年版。

25. 樊继达：《统筹城乡发展中的基本公共服务均等化》，中国财政经济出版社 2008 年版。

26. 樊永明、杜丽主编：《公共经济学》，复旦大学出版社 2001 年版。

27. 方福前：《公共选择理论》，中国人民大学出版社 2000 年版。

28. 方伟：《文化生产力》，河北教育出版社 2006 年版。

29. 方振邦：《绩效管理》，中国人民大学出版社 2003 年版。

30. 冯天瑜、杨华：《中国文化发展轨迹》，上海人民出版社 2000 年版。

31. 冯天瑜：《中华文化史》，上海人民出版社 2006 年版。

32. 冯云廷：《城市公共服务体制：理论探索与实践》，中国财政经济出版社 2004 年版。

33. 费孝通：《论文化与文化自觉》，群言出版社 2007 年版。

34. 高鸿业：《西方经济学》，中国人民大学出版社 2010 年版。

35. 高小平、王立平：《服务型政府导论》，人民出版社 2009 年版。

36. 高占祥：《文化力》，北京大学出版社 2007 年版。

37. 龚维斌：《中外社会保障体制比较》，国家行政学院出版社 2008 年版。

38. 郭瑞萍：《我国农村公共产品供给制度研究》，中国社会科学出版社 2008 年版。

39. 郭湛：《社会公共性研究》，人民出版社 2009 年版。

40. 韩永进：《新的文化发展观》，文化艺术出版社 2006 年版。

41. 韩永进：《新的文化自觉》，文化艺术出版社 2008 年版。

42. 何怀宏：《公平和正义》，山东人民出版社 2002 年版。

43. 何建华：《分配正义论》，人民出版社 2007 年版。

44. 何培科：《公民社会与第三部门》，社会科学文献出版社 2000 年版。

45. 何增科：《公民社会与民主治理》，中央编译出版社 2007 年版。

46. 黄恒学主编：《公共经济学》，北京大学出版社 2002 年版。

47. 黄力之：《先进文化论》，上海三联书店 2002 年版。

48. 黄金荣主编：《〈经济、社会、文化权利国际公约〉国内实施读本》，北京大学出版社 2011 年版。

49. 黄楠森：《中国特色社会主义文化研究》，山东人民出版社 1999 年版。

50. 黄凯锋：《解放文化生产力——文化管理体制的价值分析》，上海人民出版社 2005 年版。

51. 黄秀华：《发展与公平》，中国社会科学出版社 2010 年版。

52. 胡慧林：《文化政策学》，上海文艺出版社 2002 年版。

53. 胡永宏、贺思辉：《综合评价方法》，科学出版社 2000 年版。

54. 贾西津：《第二次改革——中国非营利部门战略研究》，清华大学出版社 2005 年版。

55. 金克木：《文化的解说》，中国人民大学出版社 2007 年版。

56. 金元浦等主编：《中国文化概论》，首都师范大学出版社 1999 年版。

57. 井敏：《构建服务型政府理论与实践》，北京大学出版社 2006 年版。

58. 景天魁：《社会公正：理论与政策》，社会科学文献出版社 2004 年版。

59. 姜素红：《发展权论》，湖南人民出版社 2006 年版。

60. 句华：《公共服务中的市场机制（理论、方法与技术)》，北京大学出版社 2006 年版。

61. 柯可主编：《文化产业论》，广东经济出版社 2001 年版。

62. 雷国珍、覃正爱主编：《先进文化论》，湖南人民出版社 2002 年版。

63. 李道中：《社会主义文化建设》，青岛出版社 1997 年版。

64. 李国强：《现代公共行政中的公民参与》，经济管理出版社 2004 年版。

65. 李军鹏主编：《公共管理学》，首都经济贸易大学出版社 2005 年版。

66. 李军鹏：《公共服务型政府》，北京大学出版社 2004 年版。

67. 李军鹏：《公共服务型政府建设指南》，中共党史出版社 2006 年。

68. 李俊伟：《人民内部矛盾处理机制研究》，湖南人民出版社 2007 年版。

69. 李景源、陈威主编：《中国公共文化服务发展报告（2007)》，社会科学文献出版社 2007 年版。

70. 李景源、陈威主编：《中国公共文化服务发展报告（2009)》，社会科学文献出版社 2009 年版。

71. 李鹏程：《毛泽东与中国文化》，人民出版社 1993 年版。

72. 李维安主编：《非营利组织管理学》，高等教育出版社 2008 年版。

73. 凌厚锋：《中国特色社会主义思想文化建设研究》，福建人民出版社 1999 年版。

74. 柳新元：《利益冲突与制度变迁》，武汉大学出版社 2002 年版。

75. 刘伯龙、竺乾威：《当代中国公共政策》，复旦大学出版社 2000

年版。

76. 刘厚金：《我国政府转型中的公共服务》，中央编译出版社 2008
年版。

77. 刘靖华等：《中国政府管理创新》，中国社会科学出版社 2004 年版。

78. 刘梦溪等：《文化的要义》，海南出版社 2006 年版。

79. 刘文江：《中国共产党文化研究》，中共党史出版社 2005 年版。

80. 刘熙瑞主编：《公共管理中的决策与执行》，中共中央党校出版社
2003 年版。

81. 梁漱溟：《中国文化要义》，上海人民出版社 2011 年版。

82. 林万龙：《中国农村社区公共产品供给制度变迁研究》，中国财政经
济出版社 2003 年版。

83. 龙兴海、曾伏秋：《农村公共服务研究》，湖南人民出版社 2009
年版。

84. 陆学艺主编：《当代中国社会阶层研究报告》，社会科学文献出版社
2002 年版。

85. 陆扬主编：《文化研究概论》，复旦大学出版社 2008 年版。

86. 陆扬、王毅选编：《大众文化研究》，上海三联书店 2001 年版。

87. 陆扬、王毅：《文化研究导论》，复旦大学出版社 2006 年版。

88. 卢洪友：《公共商品供给制度研究》，中国财政经济出版社 2003
年版。

89. 罗文东：《中国特色社会主义文化理念论》，中国法治出版社 2003
年版。

90. 罗争玉：《文化事业的改革与发展》，人民出版社 2007 年版。

91. 马斌：《政府间关系：权力配置与地方治理》，浙江大学出版社
2009 年版。

92. 马国贤：《政府绩效管理》，复旦大学出版社 2005 年版。

93. 毛少莹：《公共文化政策的理论与实践》，海天出版社 2008 年版。

94. 聂华林主编：《中国西部三农问题报告》，中国社会科学出版社
2006 年版。

95. 彭国甫：《地方政府公共事业管理绩效评价研究》，湖南人民出版社
2004 年版。

96. 彭岚嘉、陈占彪：《中国西部文化发展战略研究》，中国社会科学出版社 2002 年版。

97. 齐勇锋、王家新：《建构公共文化服务体系的探索》，社会科学文献出版社 2006 年版。

98. 齐小新：《美国文化研究导论》，北京大学出版社 2001 年版。

99. 全国农民工文化生活状况调查课题组编：《当代农民工文化生活状况调查报告》，中国社会科学出版社 2007 年版。

100. 任强：《公共服务均等化问题研究》，经济科学出版社 2009 年版。

101. 沈壮海：《先进文化论》，高等教育出版社 2003 年版。

102. 司马云杰：《文化社会学》，中国社会科学出版社 2001 年版。

103. 宋世明：《美国行政改革研究》，国家行政学院出版社 1999 年版。

104. 苏旭：《法国文化》，文化艺术出版社 2001 年版。

105. 孙彩虹：《中国责任政府建构与国际比较》，中国传媒大学出版社 2008 年版。

106. 孙宽平、滕世华编著：《全球化与全球治理》，湖南人民出版社 2003 年版。

107. 孙萍主编：《文化管理学》，中国人民大学出版社 2005 年版。

108. 孙维学：《美国文化》，文化艺术出版社 2004 年版。

109. 唐娟：《政府治理论》，中国社会科学出版社 2005 年版。

110. 唐代兴：《文化软实力战略研究》，人民出版社 2008 年版。

111. 陶传进：《社会公益供给——NPO，公共部门与市场》，清华大学出版社 2005 年版。

112. 陶东风：《文化研究：西方与中国》，北京师范大学出版社 2002 年版。

113. 陶国相主编：《科学发展观与新时期文化建设》，人民出版社 2008 年版。

114. 王成栋：《政府责任论》，中国政法大学出版社 1999 年版。

115. 王海明：《公平平等人道——社会治理的道德原则体系》，北京大学出版社 2000 年版。

116. 王俊豪：《政府管制经济学导论》，商务印书馆 2001 年版。

117. 王列生、郭全中、肖庆：《国家公共文化服务体系论》，文化艺术出版社 2009 年版。

118. 王伦光：《价值追求与和谐社会建设》，浙江大学出版社 2006 年版。

119. 王名：《中国民间组织 30 年》，社会科学文献出版社 2008 年版。

120. 王能宪：《文化建设论》，人民出版社 2006 年版。

121. 王思斌：《社团的管理与能力建设》，中国社会出版社 2003 年版。

122. 王伟光主编：《建设社会主义新农村的理论与实践》，中共中央党校出版社 2006 年版。

123. 王宪能：《文化建设论》，人民出版社 2006 年版。

124. 汪琼枝：《当代中国社会主义正义观研究》，中国文史出版社 2010 年版。

125. 魏钧：《绩效指标设计方法》，北京大学出版社 2006 年版。

126. 魏娜、吴爱明：《当代中国政府与行政》，中国人民大学出版社 2002 年版。

127. 魏甫华：《权利·人权·文化权利》，社会科学文献出版社 2005 年版。

128. 吴东民、董西明：《非营利组织管理》，中国人民大学出版社 2003 年版。

129. 吴俊卿等：《绩效评价的理论与方法》，科学技术文献出版社 1992 年版。

130. 吴忠民：《社会公正论》，山东人民出版社 2004 年版。

131. 席恒：《公与私：公共事业运行机制研究》，商务印书馆 2003 年版。

132. 谢晶仁：《社区文化建设新论》，中央文献出版社 2007 年版。

133. 谢庆奎：《当代中国政府与政治》，高等教育出版社 2003 年版。

134. 谢武军：《江泽民文化建设思想初探》，中共中央党校出版社 2006 年版。

135. 徐小青：《中国农村公共服务》，中国发展出版社 2002 年版。

136. 徐增辉：《新公共管理视域下的中国行政改革研究》，中山大学出版社 2009 年版。

137. 许明：《建设新世纪的先进文化》，上海社会科学院出版社 2002

年版。

138. 严强：《公共政策学》，南京大学出版社 2002 年版。

139. 杨强：《中国个人分配的公平分配》，社会科学文献出版社 2007
年版。

140. 杨祖功：《西方政治制度比较》，世界知识出版社 1992 年版。

141. 姚尚建：《责任政党政府研究》，中共编译出版社 2009 年版。

142. 叶启绩：《全球化背景下中国特色社会主义价值研究》，中山大学
出版社 2005 年版。

143. 艺衡、任珺、杨立青：《文化权利：回溯与展望》，社会科学文献
出版社 2005 年版。

144. 于炳贵等：《中国特色社会主义和谐社会建设》，中共中央党校出
版社 2006 年版。

145. 于群、李国新主编：《中国公共文化服务发展报告（2012）》，社
会科学文献出版社 2012 年版。

146. 俞可平：《权利政治与公益政治》，社会科学文献出版 2007 年版。

147. 俞可平：《治理与善治》，社会科学文献出版社 2000 年版。

148. 俞可平：《中国公民社会的兴起与治理的变迁》，社会科学文献出
版社 2002 年版。

149. 张成福、党秀云：《公共管理学》，中国人民大学出版社 2001
年版。

150. 张国庆：《当代中国行政管理体制改革论》，吉林大学出版社 1994
年版。

151. 张珺：《中国农村公共产品供给》，社会科学文献出版社 2008
年版。

152. 张强：《美国联邦政府绩效评估研究》，人民出版社 2009 年版。

153. 张亲培主编：《公共政策基础》，吉林大学出版社 2004 年版。

154. 张亲培等：《公共政策与社会公正》，吉林人民出版社 2009 年版。

155. 张书琛等：《社会主义市场经济中的社会公正问题》，广东人民出
版社 2002 年版。

156. 张小平主编：《和谐文化的理论与实践》，人民出版社 2007 年版。

157. 张玉国：《国际利益与文化政策》，广东人民出版社 2005 年版。

158. 赵立波:《事业单位社会化与民间组织发展研究》,山东人民出版社2010年版。

159. 赵丽江主编:《邓小平文化理论研究》,中华工商联合出版社1999年版。

160. 郑师渠:《中国共产党文化思想史研究》,中共中央党校出版社2007年版。

161. 周浩然、李荣启:《文化国力论》,辽宁人民出版社2000年版。

162. 周蔚等:《人类文化启示录》,学林出版社1999年版。

163. 周志雄:《新农村建设的模式与路径研究》,浙江大学出版社2008年版。

164. 朱柏铭:《公共经济学理论与应用》,高等教育出版社2007年版。

165. 朱光磊:《当代中国社会各阶层分析》,天津人民出版社2007年版

166. 朱瑛、李运祥:《毛泽东文化思想探析》,东南大学出版社2008年版。

167. [美] 阿瑟·奥肯:《平等与效率》,华夏出版社1999年版。

168. [英] 爱德华·泰勒:《原始文化》,上海文艺出版社1992年版。

169. [古希腊] 柏拉图:《理想国》,商务印书馆1996年版。

170. [美] 戴维·奥斯本、特德·盖布勒:《改革政府——企业家精神如何改革公营部门》,上海译文出版社1996年版。

171. [美] 丹尼斯·C. 缪勒:《公共选择理论》,中国社会科学出版社1999年版。

172. [英] 戴维·米勒:《社会正义原则》,江苏人民出版社2001年版。

173. [英] 菲利普·吉尔主持的工作小组代表公共图书馆专业委编:《公共图书馆服务发展指南》,上海科学技术文献出版社2002年版。

174. [英] 菲利普·史密斯:《文化理论:导论》,商务印书馆2008年版。

175. [美] 弗兰克·费希尔:《公共政策评估》,中国人民大学出版社2003年版。

176. [法] 亨利·勒帕日:《美国新自由主义经济学》,北京大学出版社1985年版。

177. ［美］詹姆斯·N. 罗西瑙：《没有政府的治理》，江西人民出版社 2001 年版。

178. ［美］詹姆斯·海尔布伦：《艺术文化经济学》，中国人民大学出版社 2007 年版。

179. ［美］盖伊·彼得斯：《政府未来的治理模式》，中国人民大学出版社 2001 年版。

180. ［美］珍妮特·V. 登哈特、罗伯特·B. 登哈特：《新公共服务：服务，而不是掌舵》，中国人民大学出版社 2004 年版。

181. ［美］卡尔罗·佩特曼：《民主和参与理论》，上海世纪出版集团 2006 年版。

182. ［美］克莱德·克鲁克洪等：《文化与个人》，浙江人民出版社 1986 年版。

183. ［美］拉尔夫·林顿编：《世界危机中人的科学》，哥伦比亚大学出版社 1945 年版。

184. ［美］拉雷·N. 格斯顿：《公共政策的制定——程序和原理》，重庆出版社 2001 年版。

185. ［英］伦纳德·霍布豪斯：《社会正义要素》，吉林人民出版社 2006 年版。

186. ［美］罗伯特·诺齐克：《无政府、国家与乌托邦》，中国社会科学出版社 1991 年版。

187. ［英］马林诺夫斯基：《文化论》，中国民间文艺出版社 1987 年版。

188. ［德］米切尔·兰德曼：《哲学人类学》，工人出版社 1988 年版。

189. ［美］尼古拉斯·亨利：《公共行政与公共事务》，中国人民大学出版社 2002 年版。

190. ［美］乔治·弗雷德里克森：《公共行政的精神》，中国人民大学出版社 2003 年版。

191. ［法］让·雅克·卢梭：《爱弥儿》（下卷），商务印书馆 1973 年版。

192. ［美］塞缪尔·亨廷顿：《文化的重要作用》，新华出版社 2002 年版。

193. ［美］塞缪尔·亨廷顿：《文明的冲突与世界秩序的重建》，新华出版社 1998 年版。

194. ［古希腊］色诺芬：《回忆苏格拉底》，商务印书馆 1984 年版。

195. ［美］斯蒂尔曼：《公共行政学》（下），中国社会科学出版社 1989 年版。

196. ［英］亚当·斯密：《国民财富的性质和原因的研究》（上卷），商务印书馆 1981 年版。

197. ［古希腊］亚里士多德：《尼格马科伦理学》，中国社会科学出版社 1990 年版。

198. ［英］约翰·洛克：《政府论》，商务印书馆 1964 年版。

199. ［美］约翰·罗尔斯：《正义论》，中国社会科学出版社 2001 年版。

200. ［美］约翰·K. 托马斯：《公共决策中的公民参与》，中国人民大学出版社 2005 年版。

三　报刊、期刊论文

1. 曹爱军：《公共文化服务：理论蕴涵与价值取向》，《湖北社会科学》2009 年第 6 期。

2. 曹志来：《发展农村公共文化事业应以政府为主导》，《东北财经大学学报》2006 年第 5 期。

3. 陈觅：《论公共文化服务体系建设中的公民参与》，《中共青岛市委党校青岛行政学院学报》2009 年第 11 期。

4. 陈立旭：《推动基本公共文化服务均等化》，《浙江社会科学》2011 年第 12 期。

5. 陈进华：《改善民生视阈中的财富共享》，《毛泽东邓小平理论研究》2007 年第 12 期。

6. 陈坚良：《新农村建设中公共文化服务的若干思考》，《科学社会主义》2007 年第 1 期。

7. 程样国、韩艺：《西方公共服务市场化的启示与反思》，《江西社会科学》2004 年第 4 期。

8. 褚松燕：《国家建构视野下的公民社会组织发展》，《国家行政学院学报》2008 年第 5 期。

9. 邓国胜：《构建我国非营利组织的问责机制》，《中国行政管理》2003 年第 3 期。

10. 邓海潮：《共享改革发展成果：理论与现实依据及实现途径》，《西安政治学院学报》2007 年第 6 期。

11. 丁煌、张雅勤：《公共性：西方行政学发展的重要价值趋向》，《学海》2007 年第 4 期。

12. 丁元竹、江汛清：《我国社会公共服务供给不足原因分析》，《中国经济时报》2006 年 5 月 23 日。

13. 党秀云：《公共治理的新策略：功存与第三部门的合作伙伴关系》，《中国行政管理》2007 年第 10 期。

14. 付春：《新农村公共文化服务体系建设及其基本思路》，《农村经济》2010 年第 4 期。

15. 傅才武、陈庚：《三十年来的中国文化体制改革进程：一个宏观分析框架》，《福建论坛》（人文社会科学版）2009 年第 2 期。

16. 高福安、刘亮：《国家公共文化服务体系建设现状与对策研究》，《现代传播》2011 年第 6 期。

17. 高轩：《公共治理——和谐社会的治理模式选择》，《山西高等学校社会科学学报》2007 年第 10 期。

18. 葛继红、王玉霞：《当前农村公共文化建设研究——基于加强政府供给角度》，《生产力研究》2009 年第 4 期。

19. 郝新凤：《关于公共文化服务体系建设的思考》，《学习论坛》2006 年第 8 期。

20. 洪远朋、叶正茂：《劳动价值论：共享利益的理论基础》，《毛泽东邓小平理论研究》2002 年第 2 期。

21. 何继良：《关于构建公共文化服务体系、保障人民基本文化权益的若干问题思考》，《毛泽东邓小平理论研究》2007 年第 12 期。

22. 何宏光：《农村群众性文化生活现状调查与反思》，《中国乡村发现》2007 年第 2 期。

23. 何志强：《建立全体人民共享发展成果的机制》，《中共贵州省委党校学报》2006 年第 1 期。

24. ［美］赫伯特·西蒙：《今日世界中的公共管理：组织与市场》，《经济社会体制比较》2001 年第 5 期。

25. 胡税根、徐元帅：《中国政府公共服务标准化建设的价值研究》，《甘肃行政学院学报》2009 年第 5 期。

26. 胡熠：《欧美国家文化管理的经验与借鉴》，《行政论坛》2002 年第 1 期。

27. 贾西津：《国外非营利组织管理体制及其对中国的启示》，《社会科学》2004 年第 4 期。

28. 江逐浪：《中国公共文化服务事业发展中的几个内在问题》，《现代传播》2010 年第 5 期。

29. 蒋晓丽、石磊：《公益与市场：公共文化建设的路径选择》，《广州大学学报》（社会科学版）2006 年第 8 期。

30. 李昌麒、黄茂钦：《公平分享：改革发展成果分享的现代理念》，《社会科学研究》2006 年第 4 期。

31. 李昌麒、甘强：《我国改革发展成果公平分享的实现路径构想》，《社会科学研究》2010 年第 5 期。

32. 李方才：《农村社区建设的基本要求及实现途径》，《中国民政》2008 年第 3 期。

33. 李少惠：《公共文化服务体系建设的主体构成及其功能分析》，《社科纵横》2007 年第 2 期。

34. 林其屏：《"成果共享"的实现必须形成六大机制》，《经济问题》2008 年第 2 期。

35. 刘新芬：《构建和谐社会必须坚持"共建共享"》，《云南行政学院学报》2008 年第 2 期。

36. 刘日：《政府职能定位与履行视角下的公共文化服务体系建设问题》，《安徽行政学院学报》2010 年第 1 期。

37. 刘美萍：《西方公共服务市场化与我国公共服务领域的改革》，《中国矿业大学学报》（社会科学版）2005 年第 6 期。

38. 李少惠、余君萍：《西方公共文化服务体系综述及其启示》，《图书馆理论与实践》2012 年第 3 期。

39. 刘文俭：《公民参与公共文化服务体系建设对策研究》，《行政论坛》2010 年第 3 期。

40. 刘熙瑞：《服务型政府——经济全球化背景下中国政府改革的目标选择》，《中国行政管理》2002 年第 7 期。

41. 罗端生：《公共图书馆为农民工服务初探》，《农业图书情报学刊》2010 年第 3 期。

42. 马海涛、龙军：《公共文化服务体系建设与财税政策支持》，《铜陵学院学报》2007 年第 6 期。

43. 马用浩：《社会政策与全体人民共享改革发展成果》，《求实》2007 年第 1 期。

44. 马雪松：《公民有序政治参与：现实诉求、理念定位及路径选择》，《行政管理改革》2011 年第 10 期。

45. 孟庆瑜：《主体、客体、理念与机制——改革发展成果分享中的基本法律问题之辨析》，《社会科学研究》2006 年第 4 期。

46. 莫纪宏：《论文化权利的宪法保护》，《法学论坛》2012 年第 1 期。

47. 潘玲霞：《"共同富裕"与"成果共享"——中国特色社会主义理论体系中的民生思想》，《社会主义研究》2009 年第 1 期。

48. 青连斌：《中国共产党民生思想的创新及其实践》，《科学社会主义》2011 年第 3 期。

49. 邱耕田、万峰峰：《论社会发展的普遍受益原则》，《求索》2001 年第 2 期。

50. 任勤：《完善和创新农村公共产品的需求表达机制和决策机制》，《福建论坛》（人文社会科学版）2007 年第 9 期。

51. 佘远富：《发展成果由人民共享：中国特色社会主义的核心命题》，《扬州大学学报》（人文社会科学版）2009 年第 1 期。

52. 深圳公共行政专题课题组：《借鉴先进国家和地区经验，深化公共行政体制改革》，《特区理论与实践》2002 年第 6 期。

53. 苏红：《论农村公共文化服务体系及其构建》，《兰州大学学报》（社会科学版）2009 年第 4 期。

54. 腾世华：《治理理论与政府改革》，《福建行政学院报》2002 年第 3 期。

55. 陶明达：《农民工与市民的分化与融合》，《城市问题》2006 年第 7 期。

56. 陶学荣、占文军：《西方行政改革对我国公共服生产模式再造的启示》，《行政论坛》2005 年第 3 期。

57. 万林艳：《公共文化及其在当代中国的发展》，《中国人民大学学报》2006 年第 1 期。

58. 汪荣有：《论共享》，《马克思主义研究》2006 年第 10 期。

59. 王文松：《新生代农民工的特征、心理特点及应对措施》，《农村经济与科技》2010 年第 5 期。

60. 王海冬：《法国的文化政策及对中国的历史启示》，《上海财经大学学报》2011 年第 10 期。

61. 王世谊：《社会中介组织发展与公民社会制度环境的培育》，《国家行政学报》2007 年第 2 期。

62. 王绍光：《中国公共政策议程设置的模式》，《中国社会科学》2006 年第 5 期。

63. 王玮：《公共服务均等化的基本逻辑》，《当代经济科学》2008 年第 6 期。

64. 王文松：《新生代农民工的特征、心理特点及应对措施》，《农村经济与科技》2010 年第 5 期。

65. 王艳、马宁：《公共服务市场化改革：国际经验与启示》，《贵州社会科学》2006 年第 3 期。

66. 魏鹏举：《文化事业的财政资助研究》，《当代财经》2005 年第 7 期。

67. 吴理财、李世敏：《农村公共文化的陷落与重构》，《中共浙江省委党校学报》2009 年第 3 期。

68. 吴忠民：《论共享社会发展的成果》，《中国党政干部论坛》2002 年第 4 期。

69. 肖文涛、唐国清：《基本公共服务均等化：共享改革发展成果的关键》，《科学社会主义》2008 年第 5 期。

70. 徐剑梅：《英国审计署担当独特角色》，《瞭望》2004 年第 29 期。

71. 许莉、万春：《农村公共产品供给制度的路径变迁及现实选择》，

《社会科学辑刊》2009 年第 6 期。

72. 严浩：《国外公共服务管理体制改革的理论及启示》，《中国经贸导刊》2006 年第 10 期。

73. 闫平：《服务型政府的公共性特征与公共文化服务体系建设》，《理论学刊》2008 年第 12 期。

74. 闫平：《试论公共文化服务体系建设》，《理论学刊》2007 年第 12 期。

75. 杨琳瑜：《和谐社会视角下公共文化服务体系建设的机制创新》，《内蒙古农业大学学报》（社会科学版）2010 年第 12 期。

76. 杨永、朱春雷：《公共文化服务均等化三维视角分析》，《理论月刊》2008 年第 9 期。

77. 俞宪忠：《现代化的动力是绝大多数人受益》，《文史哲》2000 年第 4 期。

78. 岳彩申、袁林：《以人为本——改革发展成果分享的权利依据》，《社会科学研究》2006 年第 4 期。

79. 翟莹昕：《论"80 后"农民工的文化需求与公共图书馆的作为》，《长春理工大学学报》2011 年第 2 期。

80. 詹中原：《公共政策问题建构过程中的公共性研究》，《公共管理学报》2006 年第 4 期。

81. 张春龙：《"共享"及其相关概念辨析》，《学海》2010 年第 6 期。

82. 张贤明、邵薪运：《改革发展成果共享与政府责任》，《政治学研究》2010 年第 6 期。

83. 张宝林：《论胡锦涛同志共享思想的科学内涵及价值导向》，《毛泽东思想研究》2008 年第 11 期。

84. 张喜红：《构建服务型政府问责体系的几个问题》，《中国行政管理》2011 年第 12 期。

85. 张桂林：《论我国公共文化服务均等化的基本原则》，《中国政法大学学报》2009 年第 5 期。

86. 张晋武、张献国、岳凤霞：《关于基本公共服务均等化需要探讨的几个问题》，《河北经贸大学学报》2009 年第 1 期。

87. 张林、王超思：《新生代农民工问题研究》，《中国国情国力》2010

年第 10 期。

88. 张天学、阙培佩:《我国现行农村公共文化产品供给的制度困境与对策》,《理论月刊》2011 年第 5 期。

89. 张云锋、郭翔宇:《建设农村公共文化服务体系的长效机制》,《学术交流》2010 年第 3 期。

90. 张少春:《公共财政与文化体制改革》,《求是》2007 年第 11 期。

91. 张宪法:《论新公共管理下的政府绩效评估》,《当代财经》2005 年第 1 期。

92. 张燕君:《美国公共部门绩效评估的实践及启示》,《行政论坛》2004 年第 2 期。

93. 章建刚:《公共文化的范畴与提供方式的创新趋势》,《深圳文化研究参考》2006 年第 2 期。

94. 章建刚、陈新亮、张晓明:《近年来中国公共文化服务发展研究报告》,《中国经贸导刊》2008 年第 7 期。

95. 赵敏:《让全体社会成员共享改革发展成果》,《宁夏社会科学》2006 年第 1 期。

96. 曾峻:《国际化大都市政府管理体制的基本特征与发展趋势》,《世界经济与政治》2004 年第 11 期。

97. 曾志柏:《英国地方政府绩效管理及其对中国的借鉴意义》,《云南行政学院学报》2003 年第 6 期。

98. 周晓丽、毛寿龙:《论我国公共文化服务及其模式选择》,《江苏社会科学》2005 年第 1 期。

99. 朱旭光、郭晶:《双重失灵与公共文化服务体系建设》,《经济论坛》2010 年第 3 期。

100. 朱亚勤:《美国政府的公共服务改革》,《中国人事报》2007 年 9 月 21 日第 5 版。